동계 올림픽

회차	개최지	대회 기간
1회	프랑스 샤모니	1924년 1월 25일~2월 5일
2회	스위스 장크트모리츠	1928년 2월 11일~2월 19일
3회	미국 레이크플래시드	1932년 2월 4일~2월 15일
4회	독일 가르미슈파르텐키르헨	1936년 2월 6일~2월 16일
5회	스위스 장크트모리츠	1948년 1월 30일~2월 8일
6회	노르웨이 오슬로	1952년 2월 14일~2월 25일
7회	이탈리아 코르티나담페초	1956년 1월 26일~2월 5일
8회	미국 스쿼밸리	1960년 2월 18일~2월 28일
9회	오스트리아 인스부르크	1964년 1월 29일~2월 9일
10회	프랑스 그르노블	1968년 2월 6일~2월 18일
11회	일본 삿포로	1972년 2월 3일~2월 13일
12회	오스트리아 인스부르크	1976년 2월 4일~2월 15일
13회	미국 레이크플래시드	1980년 2월 13일~2월 24일
14회	유고슬라비아 사라예보	1984년 2월 8일~2월 19일
15회	캐나다 캘거리	1988년 2월 13일~2월 28일
16회	프랑스 알베르빌	1992년 2월 8일~2월 23일
17회	노르웨이 릴레함메르	1994년 2월 12일~2월 27일
18회	일본 나가노	1998년 2월 7일~2월 22일
19회	미국 솔트레이크시티	2002년 2월 8일~2월 24일
20회	이탈리아 토리노	2006년 2월 10일~2월 26일
21회	캐나다 밴쿠버, 휘슬러	2010년 2월 12일~2월 28일
22회	러시아 소치	2014년 2월 7일~2월 23일
23회	대한민국 평창	2018년 2월 9일~2월 25일
24회	중국 베이징	2022년

동계 올림픽
완전 대백과

동계 올림픽 완전 대백과

글 김성호 그림 김소희

사계절

차례

머리말 · 006

동계 올림픽 종목 · 009

동계 올림픽 이야기 · 041

1 동계 올림픽의 특징
스포츠가 된 생존 수단 · 042
겨울 스포츠는 비싸 · 045
열대 국가는 들러리? · 047
명성 황후와 스케이트 파티 · 051

2 동계 올림픽은 어떻게 시작되었을까?
쿠베르탱이 동계 올림픽을 반대한 이유 · 054
동계 올림픽이 시작되다 · 057
같은 국가에서 개최된 하계 올림픽과 동계 올림픽 · 059
전쟁으로 취소된 올림픽 · 062
혼돈의 동계 올림픽 · 065
동계 올림픽과 하계 올림픽이 2년 차이로 열리는 이유 · 069
될 때까지 한다! 근성과 집념의 도시들 · 071
한국 동계 올림픽의 역사 · 073

3 동계 올림픽 삼수생, 평창

평창과 무주의 기 싸움 · 076

역전패 · 079

다시 한 번 역전패 · 082

최후의 도전 · 084

4 동계 올림픽을 둘러싼 논란

올림픽의 경제적 효과란 무엇일까? · 088

올림픽의 경제적 효과는 사실일까? · 090

환경과 올림픽 · 094

동계 올림픽을 위협하는 지구 온난화 · 097

동계 올림픽에 이런 일이? · 100

참고 문헌 · 115

머리말

오랫동안 동계 올림픽은 우리나라에서 큰 주목을 받지 못했습니다. 한국의 첫 동계 올림픽 참가는 해방 직후인 1948년 장크트모리츠 대회였습니다. 이후에도 한국은 꾸준히 동계 올림픽에 선수단을 파견했지만 성적은 신통치 않았습니다. 40년간 참가한 10개 대회에서 단 하나의 메달도 획득하지 못했으니까요. 지독한 한국의 메달 기근을 풀어 준 단비는 쇼트 트랙이었습니다. 1992년 프랑스 알베르빌 동계 올림픽 경기 대회에서 쇼트 트랙이 올림픽 정식 종목으로 채택되자마자 한국은 쇼트 트랙에서 첫 메달이자 첫 금메달을 획득하는 성과를 올렸습니다. 이후 스피드 스케이팅의 선전과 김연아라는 불세출의 스타가 피겨 스케이팅 종목에 나타나면서 한국은 평균 종합 순위 10위권에 드는 동계 올림픽 강국으로 우뚝 섰지요. 그리고 3번의 도전 끝에 강원도 평창에서 2018년 동계 올림픽까지 개최하게 되었습니다.

동계 올림픽은 언제부터 시작되었을까요? 오늘날 우리가 동계 올림픽 종목이라고 알고 있는 피겨 스케이팅과 아이스하키는 원래 하계 올림픽 종목이었어요. 그런데 여름에 열리는 하계 올림픽에서 찬 바람이 불어야 시작할 수 있는 겨울 스포츠까지 운영하는 것은 쉽지 않은 일이었어요. 그래서 1924년부터는 겨울 스포츠를 독립시켜서 따로 열었어요. 이것이 동계 올림픽의 시작이에요. 그러니까 동계 올림픽은 하계 올림픽에서 분리된 셈이지요.

21세기, 어느덧 100살이 다 되어 가는 동계 올림픽에는 몇 가지 과제가 남아 있습니다. 갈수록 더워지는 지구 온난화에 대한 대비책, 개최지 선정을 할 때마다 불거지는 환경 논란, 그리고 중심에서 비껴 있는 열대 국가와 남반구 국가를 끌어들이는 방법 등입니다. 한국도 마찬가지입니다. 비록 동계 올림픽 강국이 되었다고는 하나, 몇몇 종목에만 메달이 편중된 문제, 국제 대회 성적에 걸맞지 않은 열악한 국내 동계 스포츠 환경 개선 등이 한국 겨울 스포츠가 계속 고민해야 할 숙제입니다.

2018년 한국에서 처음 열리는 동계 올림픽을 기념해, 동계 올림픽을 알고 싶어 하는 어린 친구들을 생각하며 이 책을 썼습니다. 이 책을 통해 동계 올림픽에 대한 궁금증이 조금이나마 풀린다면 몹시 기쁠 겁니다.

끝으로 이 책이 나올 수 있도록 도움을 주신 사계절출판사와 일본에서 급히 자료를 구해 보내 준 井上惠理子, 그리고 글을 쓰는 동안 사랑과 격려를 보내 주신 고향의 부모님께 감사의 말씀을 드립니다.

2017년 겨울, 원주에서
김성호

동계 올림픽 종목

설상 경기
알파인 스키
크로스컨트리 스키
바이애슬론
스키 점프
노르딕 복합
프리스타일 스키
스노보드

빙상 경기
쇼트 트랙 스피드 스케이팅
스피드 스케이팅
아이스하키
컬링
피겨 스케이팅

슬라이딩 경기
봅슬레이
스켈레톤
루지

알파인 스키

뒤꿈치가 고정된 바인딩을 장착한 알파인 스키를 타고 자그마한 산 하나를 대략 1분 30초 전후로 내려오는 스포츠로, 워낙 속도가 빨라 위험하다. 강한 정신력이 필요하다.

경기장

비탈을 타고 내려오는 경기이므로 반드시 일정한 높이와 경사를 갖춘 언덕 형태 경기장이 필요하다.

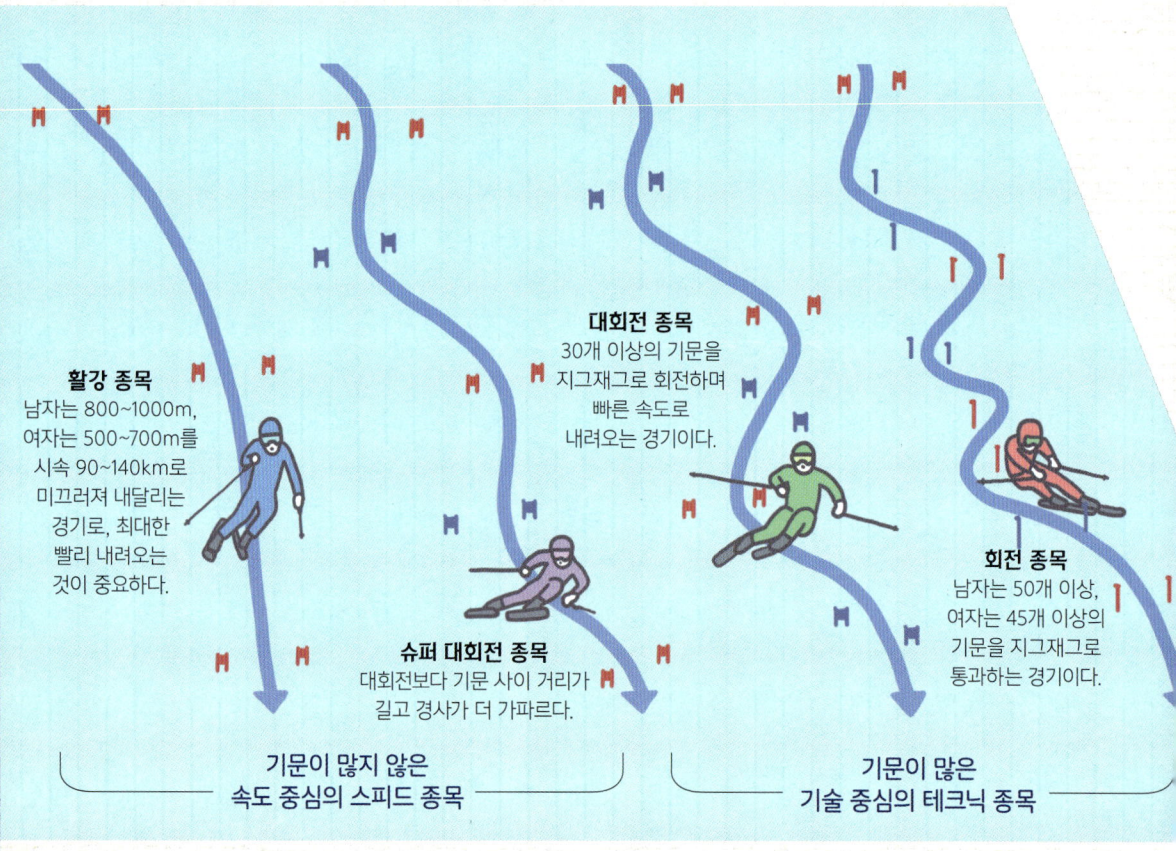

활강 종목
남자는 800~1000m, 여자는 500~700m를 시속 90~140km로 미끄러져 내달리는 경기로, 최대한 빨리 내려오는 것이 중요하다.

슈퍼 대회전 종목
대회전보다 기문 사이 거리가 길고 경사가 더 가파르다.

대회전 종목
30개 이상의 기문을 지그재그로 회전하며 빠른 속도로 내려오는 경기이다.

회전 종목
남자는 50개 이상, 여자는 45개 이상의 기문을 지그재그로 통과하는 경기이다.

기문이 많지 않은 속도 중심의 스피드 종목 / 기문이 많은 기술 중심의 테크닉 종목

개요

- **구분**: 설상 종목
- **기원**: 유럽의 알프스 지방을 중심으로 발달했다고 해서 '알파인'이란 이름이 붙었다. 1936년 동계 올림픽에서 처음 정식 종목으로 채택됐다.
- **한국 역사**: 1930년에 최초의 스키 경기 대회인 '전 조선 스키 선수권 대회'가 열렸다. 1932년에 '조선 스키 협회'가 설립되었고, 1946년에 '대한 스키 협회'로 이름을 바꾸었다. 1947년 '제1회 전국 스키 선수권 대회'가 열렸다. 1960년 미국 스쿼밸리 동계 올림픽에 한국 선수로는 처음으로 임경순이 알파인 남자 종목에 출전했다.
- **강국**: 오스트리아, 스위스, 프랑스

선수 복장과 장비

구부러진 폴
선수가 웅크린 자세로 내려올 때 공기 저항을 최소화하기 위해 구부러진 폴을 쓴다.

헬멧
속도가 빠르고 부상의 위험이 커 헬멧을 꼭 착용한다.

스키 고글
날리거나 햇빛에 반사되는 눈으로부터 눈을 보호한다.

스키복

스키
날은 강철로 되어 있으며, 선수가 넘어질 때는 탈착(떨어짐)된다.

선수들이 막대형 기문을 넘어뜨릴 수 있게 플라스틱 가드가 장착되어 있다.

스키 부츠

바인딩
부츠를 스키에 장착하는 장치

일자 폴
회전이 많은 종목에서는 일자 폴이 유리하다.

채점 방식

한 번에 순위를 결정하는 종목과 2~4회의 기록을 합산하여 순위를 결정하는 종목이 있다.

종목 ①	남자	여자	경기	순위
활강	있음	있음	1회	기록
슈퍼 대회전	있음	있음	1회	기록
대회전	있음	있음	2회	기록 합산
회전	있음	있음	2회	기록 합산
복합	있음	있음	2회 ②	기록 합산
혼성 단체 ③	남녀 혼성		4회	기록 합산

① 모든 종목은 기문을 통과하지 않으면 실격 처리된다.
② 활강 1회, 회전 1회
③ 혼성 단체는 남자 2명, 여자 2명이 한 팀을 이뤄 동일한 코스를 2명이 동시에 출발한다.

크로스컨트리 스키

눈 쌓인 산이나 들판에서 스키를 신고 정해진 코스를 가능한 빨리 완주하는 경기

경기장

오르막·평지·내리막이 각각 3분의 1의 비율로 구성

| 오르막 3분의 1 | 평지 3분의 1 | 내리막 3분의 1 |

주법

클래식 주법
스키를 평행으로 고정시킨 채 폴을 사용해 나가는 방식

프리스타일 주법
스키의 에지 부분을 밀어서 마치 스케이트를 타듯 V자 형태로 나아가는 방식. 클래식 주법보다 속도가 빠르다. 1980년 이전까지는 클래식 주법만 사용했지만, 1982년 한 선수가 이 주법으로 우승하며 알려졌다.

개요

구분 설상 종목

기원 알파인 스키가 험준한 알프스 지방에서 발달했다면, 낮은 언덕과 평지가 많은 스칸디나비아 지방에서는 평지를 이동하는 수단으로 스키가 발달했고 그것이 크로스컨트리 스키로 이어져 오늘날 알파인 스키와 더불어 스키를 대표하는 종목이 됐다.

한국 역사 1960년 스쿼밸리 동계 올림픽에 김하윤이 한국 선수로 처음 출전했다.

강국 노르웨이, 핀란드, 스웨덴

선수 복장과 장비

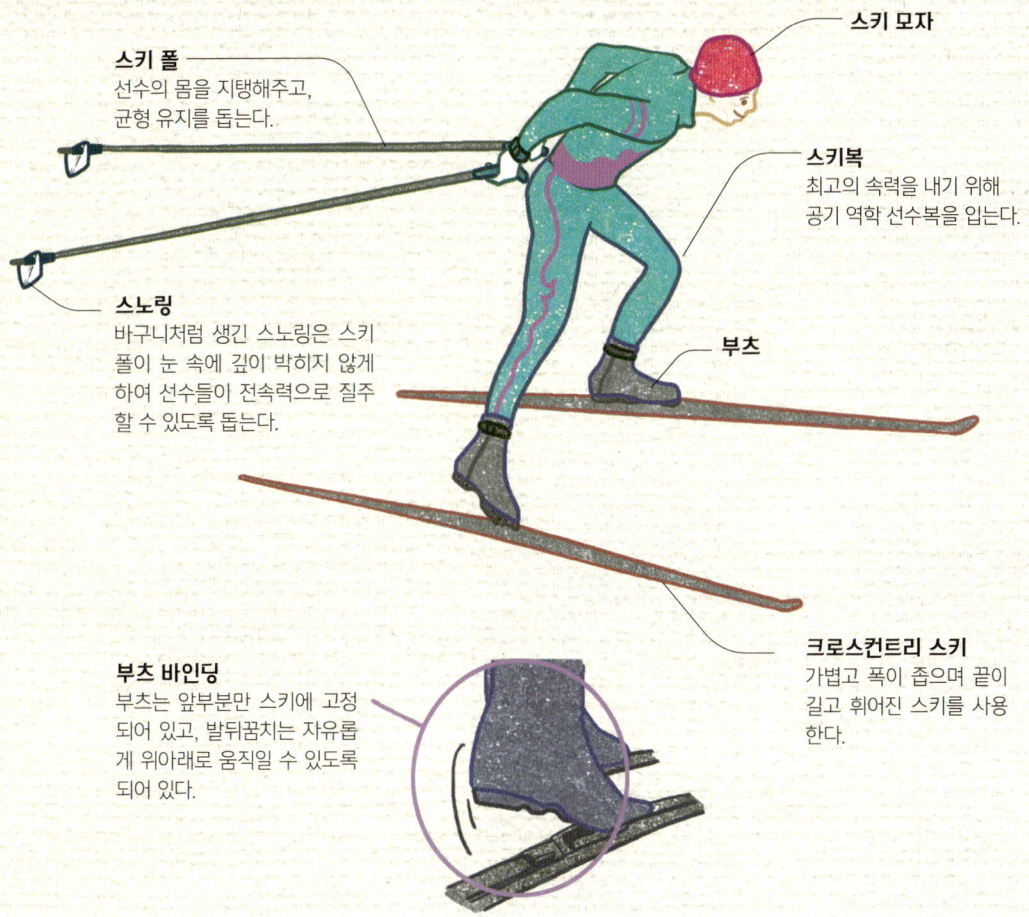

스키 폴
선수의 몸을 지탱해주고, 균형 유지를 돕는다.

스노링
바구니처럼 생긴 스노링은 스키 폴이 눈 속에 깊이 박히지 않게 하여 선수들이 전속력으로 질주할 수 있도록 돕는다.

스키 모자

스키복
최고의 속력을 내기 위해 공기 역학 선수복을 입는다.

부츠

크로스컨트리 스키
가볍고 폭이 좁으며 끝이 길고 휘어진 스키를 사용한다.

부츠 바인딩
부츠는 앞부분만 스키에 고정되어 있고, 발뒤꿈치는 자유롭게 위아래로 움직일 수 있도록 되어 있다.

채점 방식

종목마다 주법이 다르다. 간격을 두고 출발하는 경우 기록순, 동시 출발하는 경우 결승선 통과순이다.

*클: 클래식 주법, 프: 프리스타일 주법

종목	남자	여자	출발	주법	순위
개인(클래식)	15km	10km	15~30초 간격	클	기록
스키 애슬론	30km	15km	동시 출발	클/프 반반 ①	기록
스프린트 클래식	1~1.8km	0.8~1.6km	15~30초 간격	프	기록
팀 스프린트 ②	1~1.8km	0.8~1.6km	동시 출발	클	결승선
개인(단체 출발)	50km	30km	동시 출발	프	결승선
계주	40km	20km	동시 출발	클/프 반반 ③	결승선

① 처음 절반은 클래식 주법, 나머지 절반은 프리스타일 주법
② 팀 스프린트는 단거리 계주 경기
③ 1, 2주자 클래식 주법, 3, 4주자 프리스타일 주법으로 주행

바이애슬론

눈 덮인 평지를 달리는 크로스컨트리 스키와 사격을 결합한 스포츠

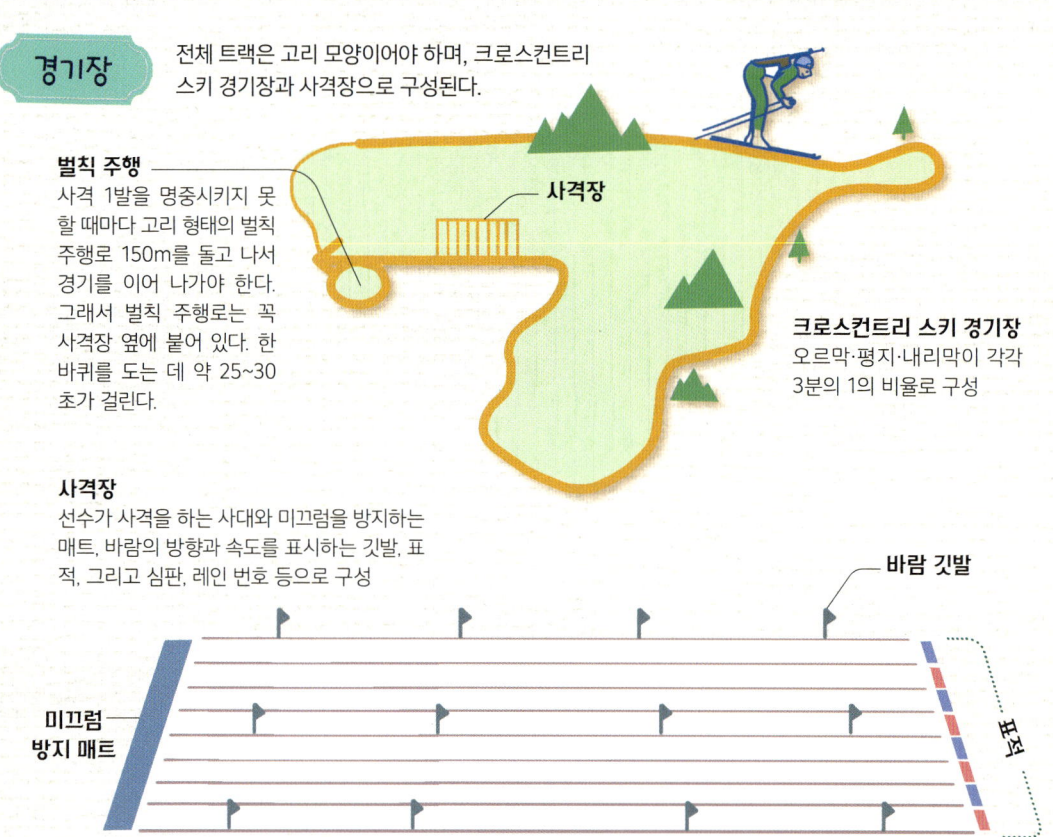

경기장
전체 트랙은 고리 모양이어야 하며, 크로스컨트리 스키 경기장과 사격장으로 구성된다.

벌칙 주행
사격 1발을 명중시키지 못할 때마다 고리 형태의 벌칙 주행로 150m를 돌고 나서 경기를 이어 나가야 한다. 그래서 벌칙 주행로는 꼭 사격장 옆에 붙어 있다. 한 바퀴를 도는 데 약 25~30초가 걸린다.

사격장
선수가 사격을 하는 사대와 미끄럼을 방지하는 매트, 바람의 방향과 속도를 표시하는 깃발, 표적, 그리고 심판, 레인 번호 등으로 구성

크로스컨트리 스키 경기장
오르막·평지·내리막이 각각 3분의 1의 비율로 구성

개요

구분	설상 종목
기원	18세기 후반 노르웨이와 스웨덴 국경 지대에서 두 나라의 수비대가 스키와 사격을 겨룬 것이 유래가 되었고, 1960년 처음으로 동계 올림픽 종목이 되었다.
한국 역사	1979년 처음 '대한 근대 5종·바이애슬론 위원회'가 구성되었다. 최초의 올림픽 참가는 1984년 사라예보 동계 올림픽부터이다.
강국	노르웨이, 독일, 러시아

채점 방식

종목마다 출발하는 방식이 다르며 사격 횟수, 사격 방법이 다르다. 순위 결정은 간격을 두고 출발하는 경우 기록순으로, 동시 출발하는 경우 결승선 통과순으로 결정한다.

선수 복장과 장비

선수들은 둘 중 하나의 자세로 사격하는데, 하나는 서서 쏘는 입사, 다른 하나는 엎드려서 쏘는 복사이다.

입사
서서 쏘는 자세

라이플(소총)
5발의 탄알이 장착된, 최소 3.5kg의 소총

최고의 속도를 내기 위해 공기 역학 경기복을 입는다.

복사
엎드려 쏘는 자세

표적

표적을 맞히면 검은색이 흰색으로 바뀐다.

*복: 복사, 입: 입사

종목	남자	여자	출발	사격 ①	벌칙 ②	사격 자세	순위
개인	20km	15km	30~60초 간격	4회	1분	복입복입	기록
스프린트	10km	7.5km	30~60초 간격	2회	1회	복입	기록
추적	12.5km	10km	스프린트 성적순 ③	4회	1회	복입복입	결승선
단체	15km	12.5km	동시 출발	4회	1회	복입복입	결승선
계주 ④	4명x7.5km	4명x6km	동시 출발	2회 ⑤	1회	복입	결승선
혼성 계주	여(2명x6km)+남(2명x7.5km)		동시 출발 ⑥	4회 ⑦	1회	복입복입	결승선

① 모든 경기의 사격은 1회에 5발 격추. 계주와 혼성 계주는 예비탄 3발 지급
② 사격 1발 실패 당 벌칙 주행 1회 또는 벌점으로 1분(주행 시간에 추가)
③ 스프린트 상위 60명만 출전. 스프린트 경기 결과가 1위보다 20초 뒤졌다면 20초 늦게 출발하며, 이기기 위해서는 앞 주자를 따라 잡아야 한다.
④ 계주는 남녀 경기 각각 4명 출전
⑤ 남자는 2.5킬로미터와 5킬로미터에서 각각 1회, 여자는 2킬로미터와 5킬로미터에서 각각 1회.
⑥ 혼성 계주는 남자 2명, 여자 2명 출전. 각 팀 주자 순서는 여자-여자-남자-남자
⑦ 사격은 여자는 6킬로미터에서, 남자는 7.5킬로미터에서 각각 2회씩 사격

스키 점프

스키를 타고 급경사면을 빠른 속도로 활강하여 내려오다 도약대에서 날아오른 뒤 가장 멀리, 가장 안정적으로 비행해서 착지하는 스포츠

경기장

스키 점프대는 점프 구간과 착지 구간으로 이루어져 있다. 도약, 비행을 한 뒤 착지 할 때는 반드시 K포인트라는 지점을 넘어야 한다.

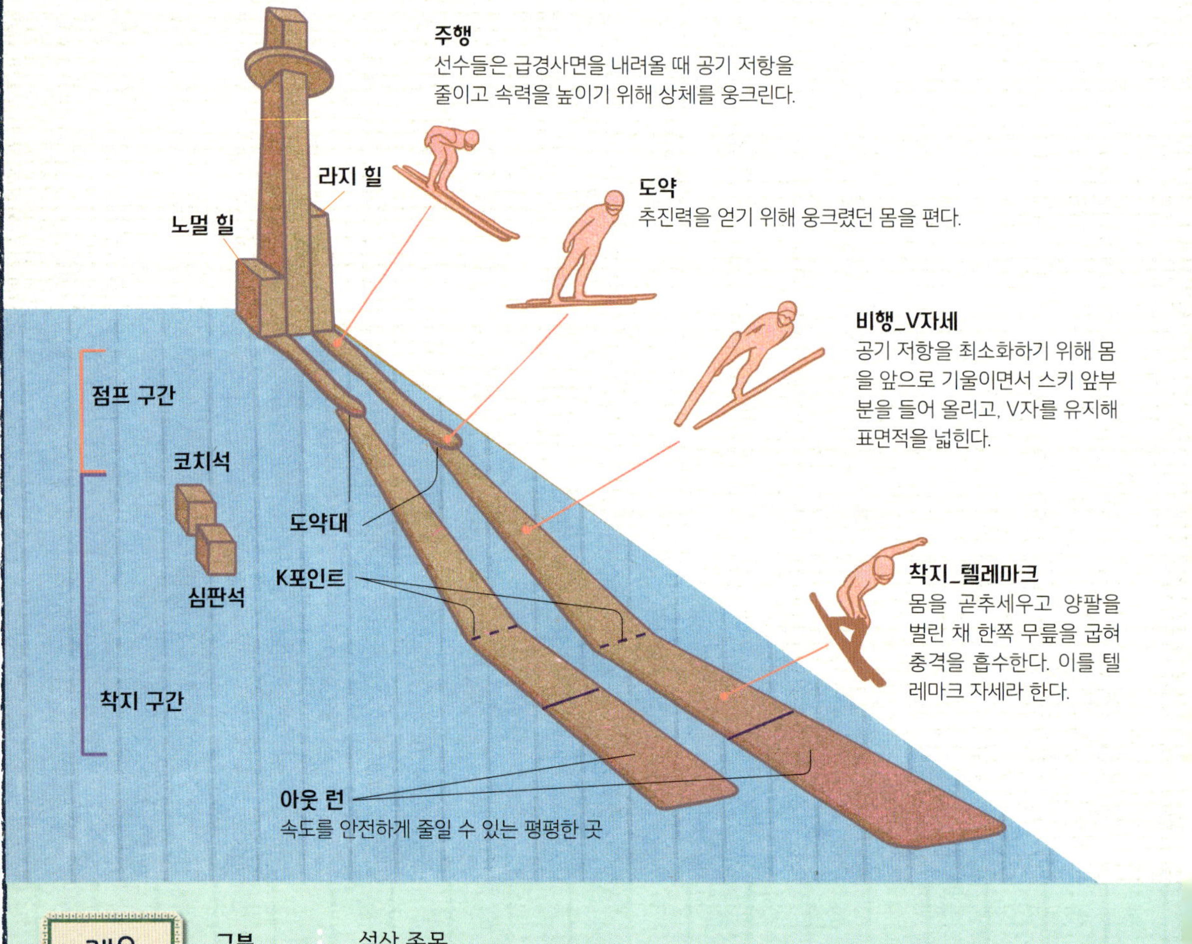

주행
선수들은 급경사면을 내려올 때 공기 저항을 줄이고 속력을 높이기 위해 상체를 웅크린다.

도약
추진력을 얻기 위해 웅크렸던 몸을 편다.

비행_V자세
공기 저항을 최소화하기 위해 몸을 앞으로 기울이면서 스키 앞부분을 들어 올리고, V자를 유지해 표면적을 넓힌다.

착지_텔레마크
몸을 곧추세우고 양팔을 벌린 채 한쪽 무릎을 굽혀 충격을 흡수한다. 이를 텔레마크 자세라 한다.

- 라지 힐
- 노멀 힐
- 점프 구간
- 코치석
- 심판석
- 도약대
- K포인트
- 착지 구간
- 아웃 런 — 속도를 안전하게 줄일 수 있는 평평한 곳

개요

구분	설상 종목
기원	언덕이 많은 북유럽 지방에서 시작된 경기이다. 1862년 노르웨이에서 첫 대회가 열린 뒤 정식 스포츠로 자리를 잡았다. 1924년 제1회 프랑스 샤모니 동계올림픽 때부터 정식 종목으로 채택되었다.
한국 역사	1998년 나가노 동계 올림픽부터 꾸준히 참가했지만 비인기 종목으로 큰 관심을 받지 못하다가 2009년 스키 점프를 소재로 한 영화 <국가 대표>가 크게 흥행하면서 국민들의 관심을 받기 시작

선수 복장과 장비

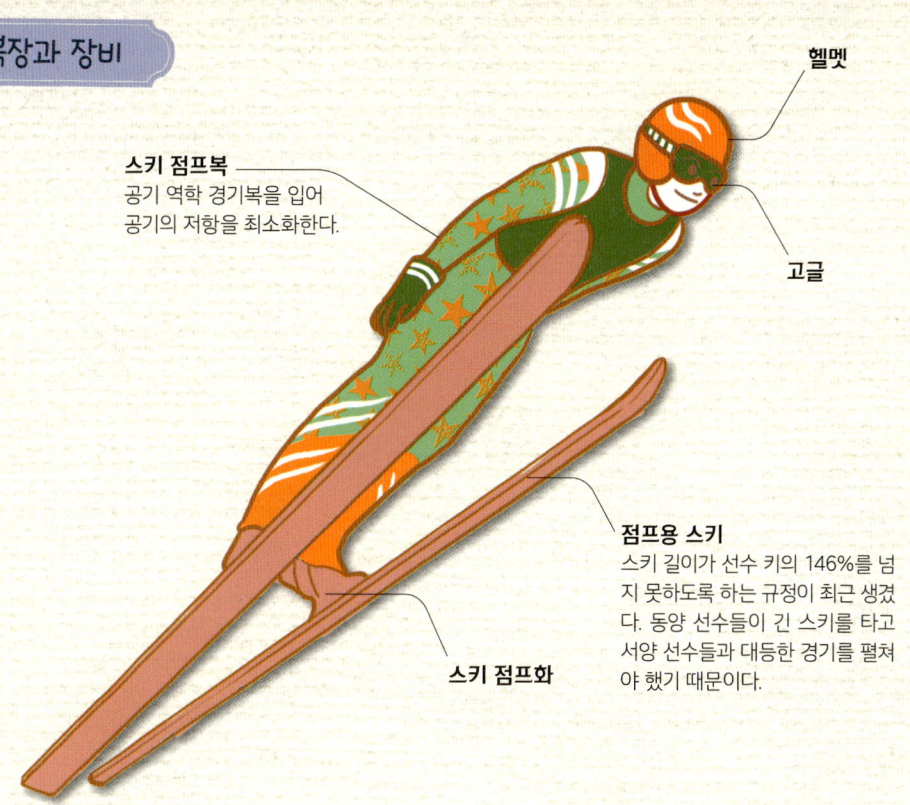

- **헬멧**
- **스키 점프복**: 공기 역학 경기복을 입어 공기의 저항을 최소화한다.
- **고글**
- **점프용 스키**: 스키 길이가 선수 키의 146%를 넘지 못하도록 하는 규정이 최근 생겼다. 동양 선수들이 긴 스키를 타고 서양 선수들과 대등한 경기를 펼쳐야 했기 때문이다.
- **스키 점프화**

K포인트 점수

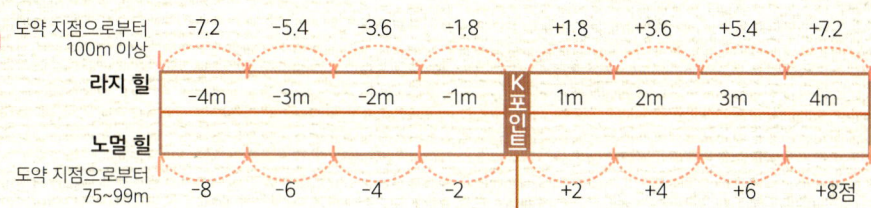

거리 점수는 기본 점수 60점이다. 라지 힐은 K포인트를 기준으로 1m마다 가산점 +1.8, 감점 -1.8점씩 주어진다. 노멀 힐의 가산점과 감점은 1m마다 각각 +2점, -2점이다.

채점 방식

여자 종목은 노멀 힐만 있다. 2~8회에 걸쳐 경기를 한 뒤 점수를 합산하여 순위를 결정한다.

종목	남자	여자	경기	거리(K포인트) ①	자세 ②	순위 ③
라지 힐	있음	없음	2회	그림	도약, 비행, 착지	점수 합산
노멀 힐	있음	있음	2회	그림	도약, 비행, 착지	점수 합산
라지 힐 단체(4명)	있음	없음	8회	그림	도약, 비행, 착지	점수 합산

① 거리 점수 위 'K포인트 점수' 그림 참조.
② 자세는 착지 점수가 50퍼센트, 최고점과 최저점을 뺀 3명의 심판 점수만 합산.
③ 점수는 거리와 자세를 합산한다. 순위는 각 경기의 점수를 합산하여 결정한다.

노르딕 복합

스키 점프와 크로스컨트리 스키를 결합한 종목. 스키 점프의 점수로 크로스컨트리 스키 출발 순서를 결정하는데, 이를 군데르센 방식이라고 한다.

경기장

스키 점프 경기장과 크로스컨트리 스키 경기장을 이용한다.

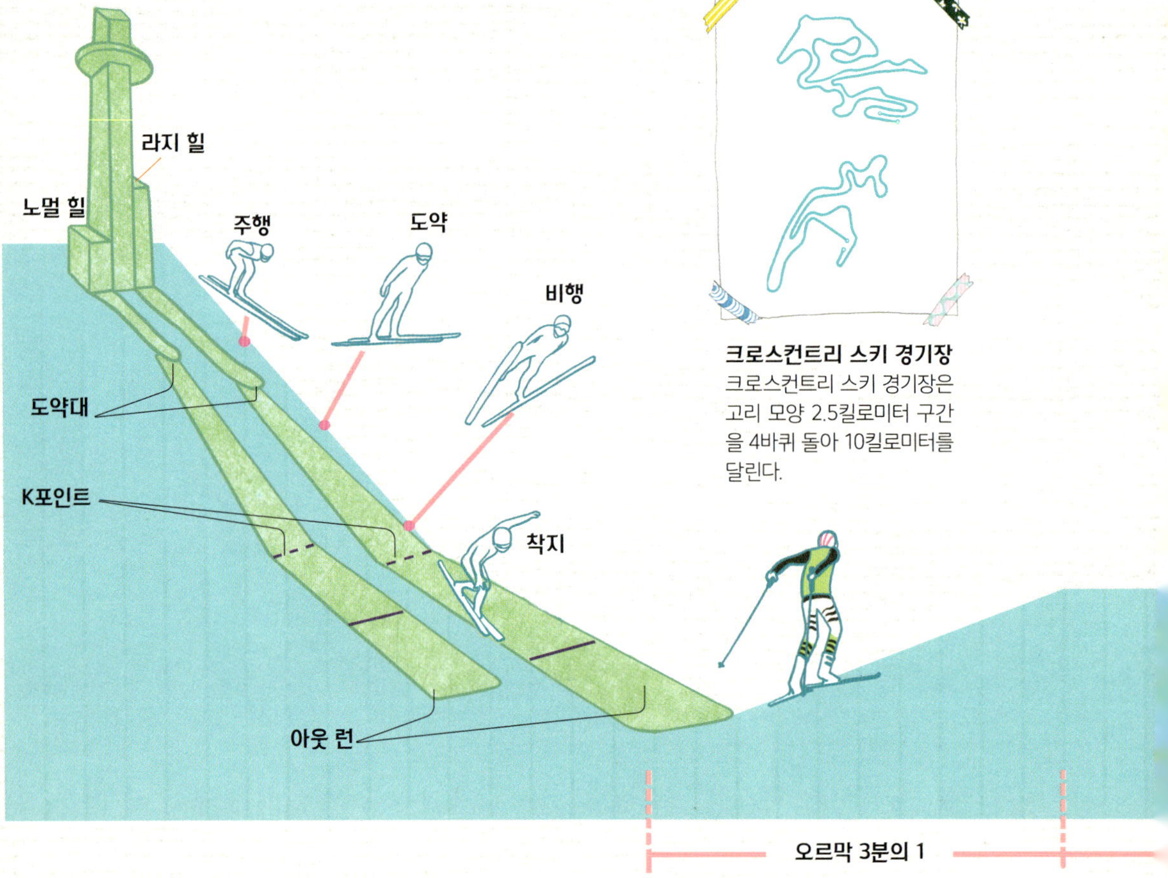

- 라지 힐
- 노멀 힐
- 주행
- 도약
- 비행
- 도약대
- K포인트
- 착지
- 아웃 런
- 오르막 3분의 1

크로스컨트리 스키 경기장
크로스컨트리 스키 경기장은 고리 모양 2.5킬로미터 구간을 4바퀴 돌아 10킬로미터를 달린다.

개요

- **구분**: 설상 종목
- **기원**: 19세기 노르웨이에서 열린 스키 축제에 참가한 선수들이 크로스컨트리 스키와 스키 점프의 기량을 종합적으로 겨루어 최고의 선수를 가린 데서 유래했다. 1924년 제1회 샤모니 동계 올림픽부터 올림픽 정식 종목으로 채택
- **한국 역사**: 아직 걸음마 수준으로 선수는 현재 박제언 1명뿐
- **강국**: 노르웨이, 핀란드, 오스트리아

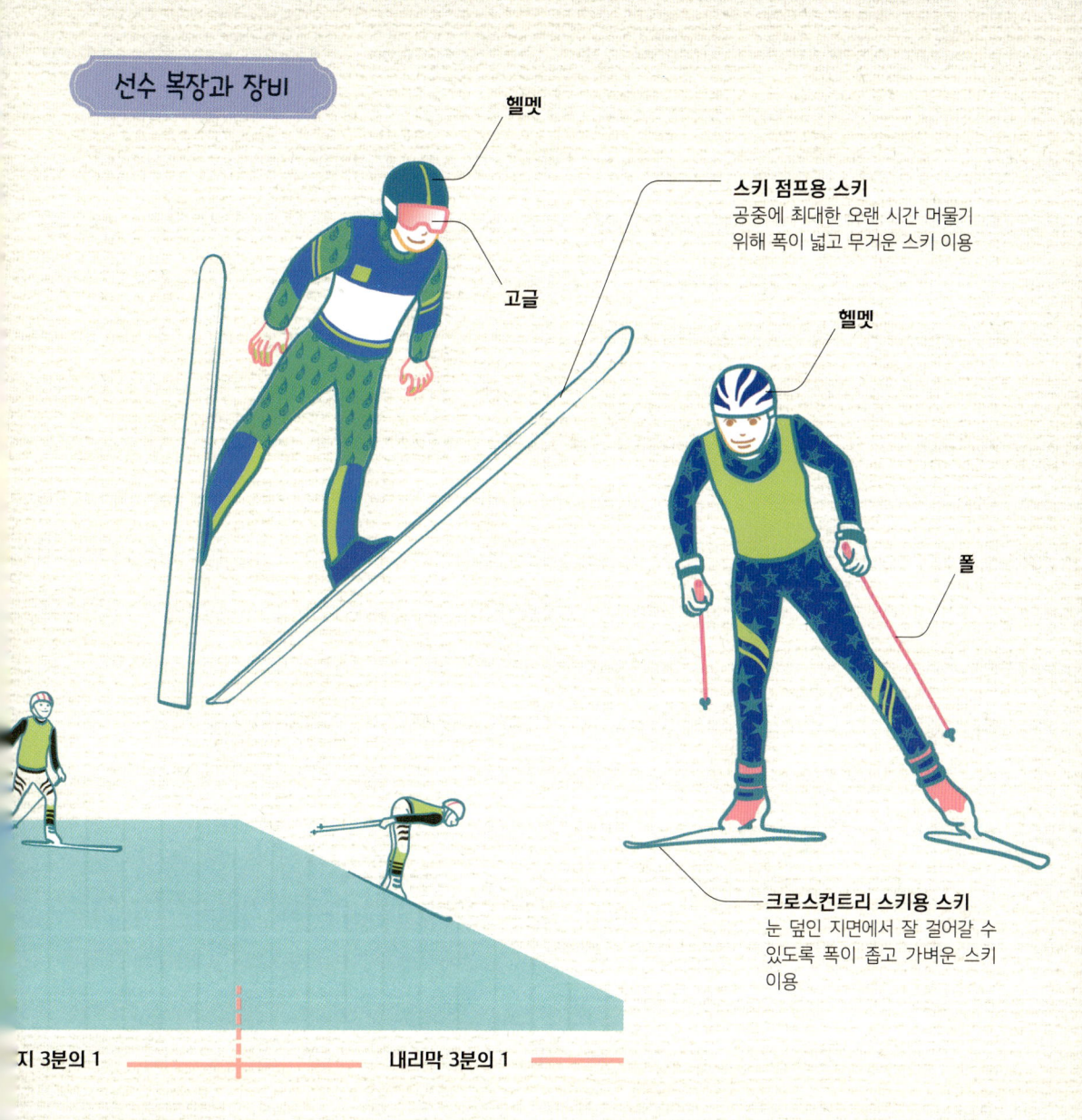

선수 복장과 장비

- 헬멧
- 고글
- 스키 점프용 스키: 공중에 최대한 오랜 시간 머물기 위해 폭이 넓고 무거운 스키 이용
- 헬멧
- 폴
- 크로스컨트리 스키용 스키: 눈 덮인 지면에서 잘 걸어갈 수 있도록 폭이 좁고 가벼운 스키 이용

지 3분의 1 · 내리막 3분의 1

채점 방식

여자 종목은 없다. 순위는 결승선 통과순으로 결정한다.

종목	남자	여자	스키 점프 ①	크로스컨트리 출발 ②	주법	순위
노멀 힐 10km	있음	없음	동일	점프 성적순	프리	결승선
라지 힐 10km	있음	없음	동일	점프 성적순	프리	결승선
라지 힐 단체(4명×5km)	있음	없음	동일	점프 성적순	프리	결승선

① 스키 점프 채점은 앞의 스키 점프와 동일하다.
② 노멀 힐과 라지 힐은 1점당 4초씩 늦게 출발, 단체는 1점당 1.33초 늦게 출발. 이기기 위해서는 앞 주자를 따라잡아 결승선을 먼저 통과해야 한다.

프리스타일 스키

선수들이 슬로프를 자유롭게 활강하면서 공중 곡예를 통해 예술성을 겨루는 경기로, 그 기술이 화려하고 현란해서 '설원의 서커스'로도 불린다.

경기장
종목에 따라 경기장이 각각 다르다.

모굴
경사면이 울퉁불퉁한 비탈길을 빠르게 내려오면서 회전, 공중 연기, 속도 등을 겨룬다.

슬로프 스타일
최소 6개 이상의 섹션과 3개 이상의 점프대가 있어 도약, 회전, 공중제비 등의 기술을 선보인다.

스키 크로스
가파르고 험한 언덕길을 빠르게 내려오는 경기로, 점프대와 장애물을 넘기도 한다.

개요

구분	설상 종목
기원	1930년대 알파인 스키와 크로스컨트리 스키 선수들이 훈련 도중 자신들이 개발한 묘기를 서로 보여 주기 시작한 데서 비롯되어 1924년 제1회 동계 올림픽부터 정식 종목으로 채택
한국 역사	아직 걸음마 수준으로, 2010년 밴쿠버 대회에 모굴 스키 여자 종목에서 서정화 선수가 출전한 것이 처음
강국	미국, 프랑스, 캐나다

채점 방식
다양한 종목이 있으며 채점 항목과 방식이 모두 다르다.

선수 복장과 장비

하프파이프
원통을 절반으로 자른 모양의 경기장에서 양쪽을 오가며 여러 가지 고난이도 기술을 보여 준다.

스키 길이
모굴 180cm(남) 175cm(여)
에어리얼 160cm(남)

에어리얼 스키는 컨트롤을 잘 하기 위해 다른 종목에 비해 스키가 짧고 가볍다.

에어리얼
시속 33~41km로 활강하다 도약대(키커)에서 공중으로 날아올라 묘기를 펼친 뒤 착지한다. 프리스타일 스키 가운데에서도 가장 멋있고 위험하기도 한 종목이다.

20m

도약대

헬멧 / 고글 / 폴 / 스키복 / 장갑 / 바인딩 / 부츠 / 스키

스키
공중회전 등을 할 때 움직임이 자유롭도록 짧고 가벼운 스키를 사용한다.

종목	남자	여자	채점 항목				심판	진행	순위
모굴	있음	있음	회전(60%)	점프(20%)	시간(20%)	-	7 ①	3R ②	점수 ③
에어리얼	있음	있음	비행(20%) ④	자세(50%) ⑤	착지(30%)	난이도	5	3R	점수 ⑥
하프파이프	있음	있음	높이	회전	기술	난이도	5	2회	점수 ⑦
슬로프 스타일	있음	있음	높이	회전	기술	난이도	5	2회	점수 ⑧
스키 크로스	있음	있음	-	-	-	-	-	R	결승선

① 심판은 총 7명. 5명은 회전 심판, 2명은 공중 동작 심판
② R(라운드): 1R 상위 성적 선수를 추려 2R를, 2R의 상위 성적 선수를 추려 3R를 치른다. 3R가 결선이다.
③ 회전 심판 5명 중 최고와 최저 점수를 제외한 3명의 점수, 2명의 공중 동작 심판 점수의 평균, 그리고 시간 점수를 더하여 최종 점수 산출
④ 비행(도약, 높이, 거리)
⑤ 자세(스타일, 동작 실행 정확도)
⑥ 최고 점수, 최저 점수를 제외한 심판 3명의 합산 점수에 난이도 점수를 더해 최종 점수 산출
⑦ ⑧ 2번의 연기를 한 뒤 높은 점수 1개로 순위 결정

스노보드

스노보드를 타고 눈이 쌓인 비탈을 미끄러지듯 내려오는 스포츠

경기장 종목에 따라 경기장이 각각 다르다.

평행 대회전
선수 2명이 깃발(기문)이 꽂힌 슬로프를 활강해 먼저 내려오는 선수가 승리

슬로프 스타일
레일, 테이블, 박스, 월 같은 기물과 점프대로 구성된 코스에서 고난이도 기술을 선보이는 경기

스노보드 크로스
4~6명이 1개 조로 뱅크, 롤러, 스파인, 점프 등 다양한 지형지물로 구성된 코스에서 경주하는 경기

개요

구분	설상 종목
기원	1958년 미국 산악 지방에서 스키의 불편함을 보완하기 위해 널빤지를 사용해 만들어낸 놀이에서 유래했다. 1998년 나가노 동계 올림픽에서 정식 종목으로 채택
한국 역사	1995년 '대한 스노보드 협회'가 발족하면서부터 각종 프로 대회와 아마추어 대회가 생겼다. 2010년 밴쿠버 동계 올림픽에서 김호준이 한국 최초로 남자 하프파이프 종목 출전권을 획득했다.
강국	미국, 스위스, 프랑스

채점 방식 다양한 종목이 있으며, 채점 항목과 방식이 모두 다르다.

선수 복장과 장비

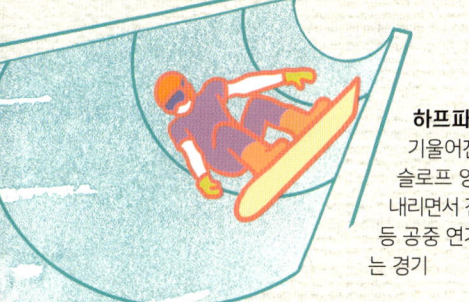

하프파이프
기울어진 반원통형 슬로프 양쪽을 오르내리면서 점프와 회전 등 공중 연기를 선보이는 경기

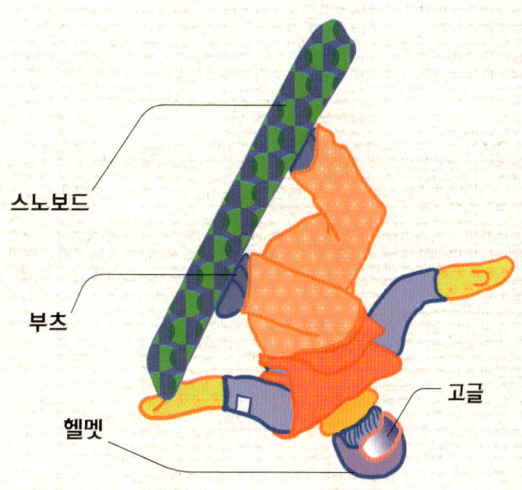

스노보드
부츠
헬멧
고글

빅에어
1개의 큰 점프대를 도약하여 플립, 회전 등 공중 묘기를 선보이는 경기

플래이트 바인딩 — 알파인용 하드 부츠
알파인 보드에 사용하며, 플라스틱류의 단단한 재질 부츠이다.

소프트 바인딩 — 프리스타일용 소프트 부츠
가죽이나 천 소재의 소프트 부츠에 소프트 바인딩 보드는 탄력성이 좋다.

종목	남자	여자	채점 항목				심판	진행	순위
평행 대회전	있음	있음	-	-	-	-	-	1회 ①	결승선
하프파이프	있음	있음	높이	회전	기술	난이도	6	3회 ②	점수 ③
빅에어	있음	있음	공중 동작	비거리	착지	난이도	5~6	3회 ④	점수 ⑤
슬로프 스타일	있음	있음	높이	회전	기술	난이도	6	2회 ⑥	점수 ⑦
스노보드 크로스	있음	있음	-	-	-	-	-	R ⑧	결승선

① 평행 대회전 예선 2회, 결선 1회. 두 명씩 겨루는 토너먼트 방식
② ④ 예선은 2번, 결승은 3번 연기. 이 가운데 가장 높은 1개 점수로 순위 결정
③ ⑤ ⑦ 가장 높은 점수와 가장 낮은 점수를 뺀 나머지 점수를 합산한다.
⑥ 2번 연기 가운데 가장 높은 점수로 순위 결정
⑧ 라운드 진행 방식

쇼트 트랙 스피드 스케이팅

111.12미터 쇼트 트랙에서 펼쳐지는 스피드 스케이팅 경기. 롱 트랙 스피드 스케이팅보다 짧은 트랙에서 경기를 하기 때문에 '짧다'라는 의미의 '쇼트'가 붙었다.

경기장

길이 60미터, 너비 30미터, 둘레 111.12미터인 타원형 아이스 링크 경기장. 경기 종목에 따라 출발하는 위치가 다르다.

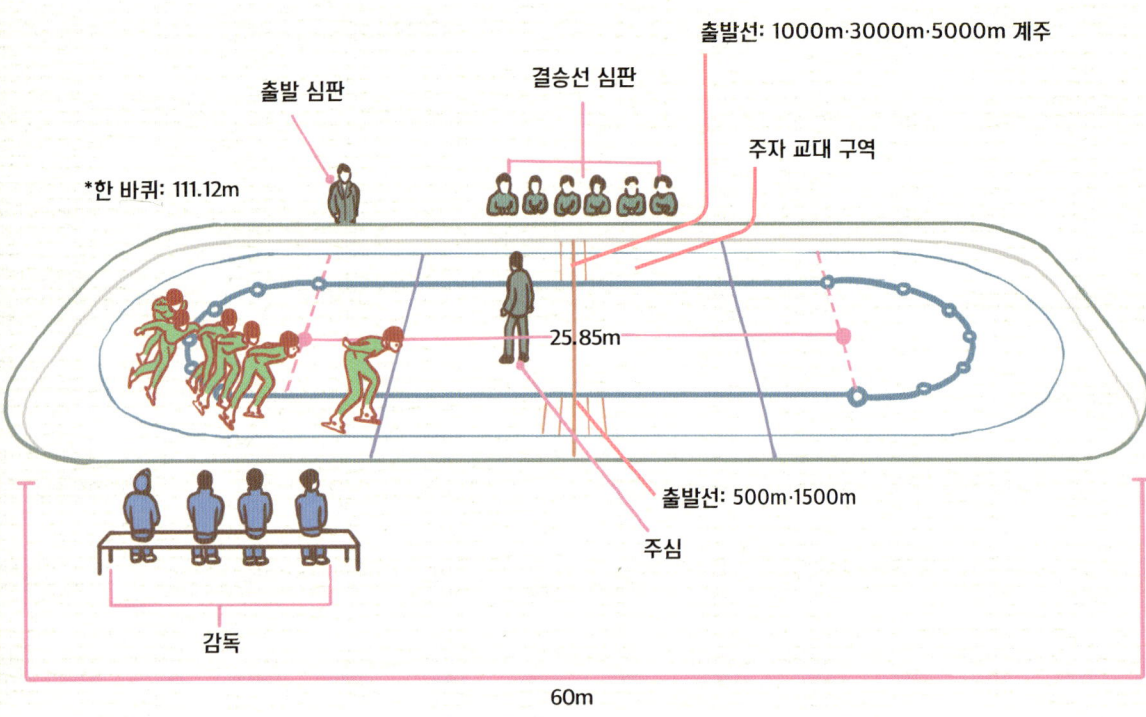

개요		
구분		빙상 종목
기원		1992년 알베르빌 동계 올림픽에서 최초로 정식 종목으로 채택되었다.
한국 역사		1983년 일본에서 개최된 쇼트 트랙 세계 선수권 대회에 처음으로 남녀 1명씩 출전했다. 올림픽 정식 종목으로 채택된 알베르빌 동계 올림픽의 남자 500미터 경기에서 채지훈이 한국 동계 올림픽 역사상 최초로 동메달을 획득했고, 1000미터에 출전한 김기훈이 한국 최초로 금메달을 목에 걸었다. 한국은 세계적인 쇼트 트랙 강국이다. 역대 한국 성적은 금메달 21개, 은메달 12개, 동메달 9개이다.
강국		한국, 중국, 캐나다

선수 복장과 장비

헬멧과 장갑·목 보호대·무릎 및 정강이 보호대를 반드시 착용하도록 규정

헬멧

고글

헬멧의 선수 번호

개구리 장갑
선수들이 곡선을 달릴 때 넘어지지 않도록 빙판에 손을 짚는데, 이때 속도가 줄지 않도록 하기 위해 장갑에 에폭시 수지를 붙여 마찰력을 줄인 일명 '개구리 장갑'을 낀다. 우리나라 선수들이 처음 사용했다.

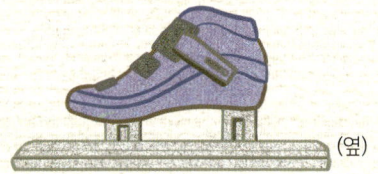
(옆)

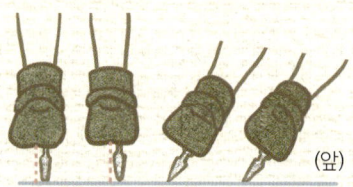
(앞)

스케이트
스피드용 스케이트와 달리 날이 약간 짧고 뒷날 끝이 둥글다. 뒤따라오는 선수의 안전을 위해서이다.

스케이트 날
코너를 잘 돌 수 있도록 날이 중심보다 왼쪽으로 치우쳐 있다.

채점 방식

종목		남자	여자	순위
개인		500m	500m	결승선 통과
		1000m	1000m	결승선 통과
		1500m	1500m	결승선 통과
단체		계주 5000m	계주 3000m	결승선 통과

스피드 스케이팅

얼음판 위에서 스피드 스케이트를 타고 속도를 겨루는 경기로 시속 50~60킬로미터의 빠른 속도를 낸다

경기장

한 바퀴가 400미터에 각각 너비 5미터의 이중 활주로(인코스와 아웃코스)를 갖춘 타원형 경기장

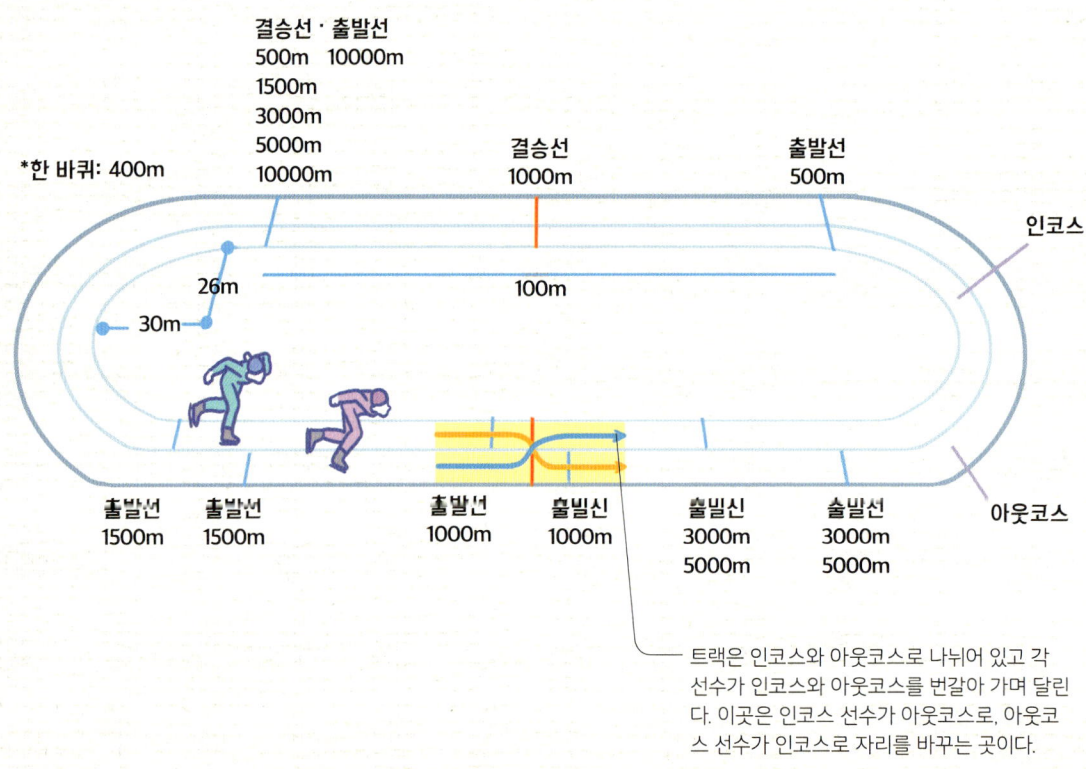

트랙은 인코스와 아웃코스로 나뉘어 있고 각 선수가 인코스와 아웃코스를 번갈아 가며 달린다. 이곳은 인코스 선수가 아웃코스로, 아웃코스 선수가 인코스로 자리를 바꾸는 곳이다.

개요

구분	빙상 종목
기원	철기 시대 이전부터 돌이나 뼈로 스케이트를 만들어 이동했고, 1850년쯤 지금 같은 강철 스케이트가 나왔다. 1742년 세계 최초의 스케이트 클럽이 영국에서 생겼고, 1908년 제4회 런던 하계 올림픽 경기 대회에서 처음 올림픽 종목으로 채택되었다.
한국 역사	1905년 선교사 길레트가 들여왔고, 1924년 본격적으로 경기용 스케이트가 보급되었다. 1948년 장크트모리츠 동계 올림픽에 처음 출전했으며, 2010년 밴쿠버 동계 올림픽에서 남자 500미터에 출전한 모태범이 최초의 금메달을 목에 걸었다. 역대 한국 성적은 금메달 4개, 은메달 4개, 동메달 1개이다.
강국	네덜란드, 미국, 캐나다

선수 복장과 장비

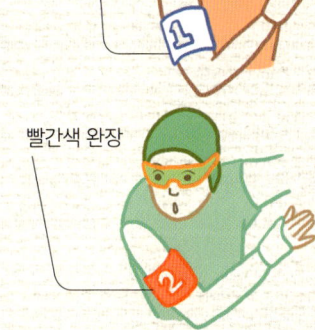

푸시오프 자세
무릎을 굽혔다가 펴면서 스케이트 날로 얼음 바닥을 밀어내어 앞으로 나아가는 동작이다.

글라이딩 자세
푸시오프 동작의 힘으로 얼음 바닥을 활주하는 동작이다.

하얀색 완장
인코스 선수

빨간색 완장
아웃코스 선수

아웃코스 선수는 빨간색 완장을, 인코스 선수를 하얀색 완장을 차고 출발한다.

클랩 스케이트
활주할 때 뒤꿈치를 들어도 날이 빙판에 붙어 있게 하여, 선수들의 속력이 줄지 않도록 돕는다.

땅에 닿았을 때

땅에서 떨어졌을 때

채점 방식

종목		남자	여자	순위
개인		500m	500m	기록
		1000m	1000m	기록
		1500m	1500m	기록
		5000m	3000m	기록
		10000m	5000m	기록
		매스 스타트 ①	매스 스타트	점수
단체		팀추월	팀 추월 ②	기록

① 매스 스타트는 최대 24명이 참가해 동시 출발하며 16바퀴 이상을 돈다. 4바퀴를 돌 때마다 1(5점), 2(3점), 3위(1점)에 점수, 마지막 바퀴 1, 2, 3위에 각각 60점, 40점, 20점을 부여. 마지막 결승선 통과가 가장 중요하다.

② 3명씩 구성된 2개 팀이 링크 반대편에서 동시에 출발. 정해진 구간을 도는 동안 각 팀의 가장 느린 주자 기록으로 팀 승패를 가른다. 경기 도중 1명이라도 상대 팀에 추월당하면 실격.

아이스하키

6명으로 구성된 2팀이 얼음판 위에서 스케이트를 신고 스틱으로 퍽을 쳐서 골에 넣는 스포츠

경기장

길이 56~61미터, 너비 26~30미터의 타원형 경기장으로, '링크'라고도 한다.

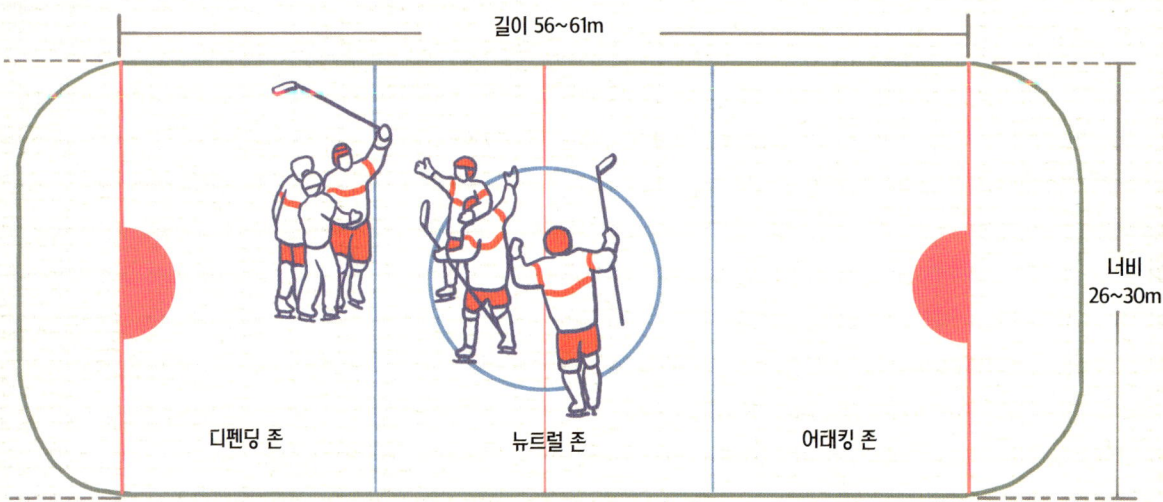

*우리 팀의 디펜딩 존이 상대 팀의 어태킹 존이다.

개요

구분	빙상 종목
기원	스코틀랜드와 아일랜드에서 즐기던 빙상 경기가 캐나다로 전해져 아이스하키로 발전했다. 1908년 5월 프랑스 파리에서 국제 아이스하키 연맹(IIHF)이 결성되고, 1901년에는 유럽 선수권 대회가, 1908년에는 세계 선수권 대회가 열렸다. 1920년 안트베르펜 하계 올림픽에서 처음 정식 종목으로 채택되었다가 1924년 제1회 샤모니 동계 올림픽부터 정식 종목으로 채택되었다.
한국 역사	1928년 일본 동경 제국 대학 아이스하키 팀이 서울에서 아이스하키 시합을 벌이면서 한국에 소개되었다. 국제 대회 성적은 저조했으나 2017년 처음 1부 리그에 승격하는 기염을 토했다.
강국	캐나다, 미국, 러시아, 스웨덴, 핀란드

채점 방식

남자 경기와 여자 경기, 2가지로 구분되며, 정해진 시간에 많은 골을 넣는 팀이 승리한다.

선수 복장과 장비

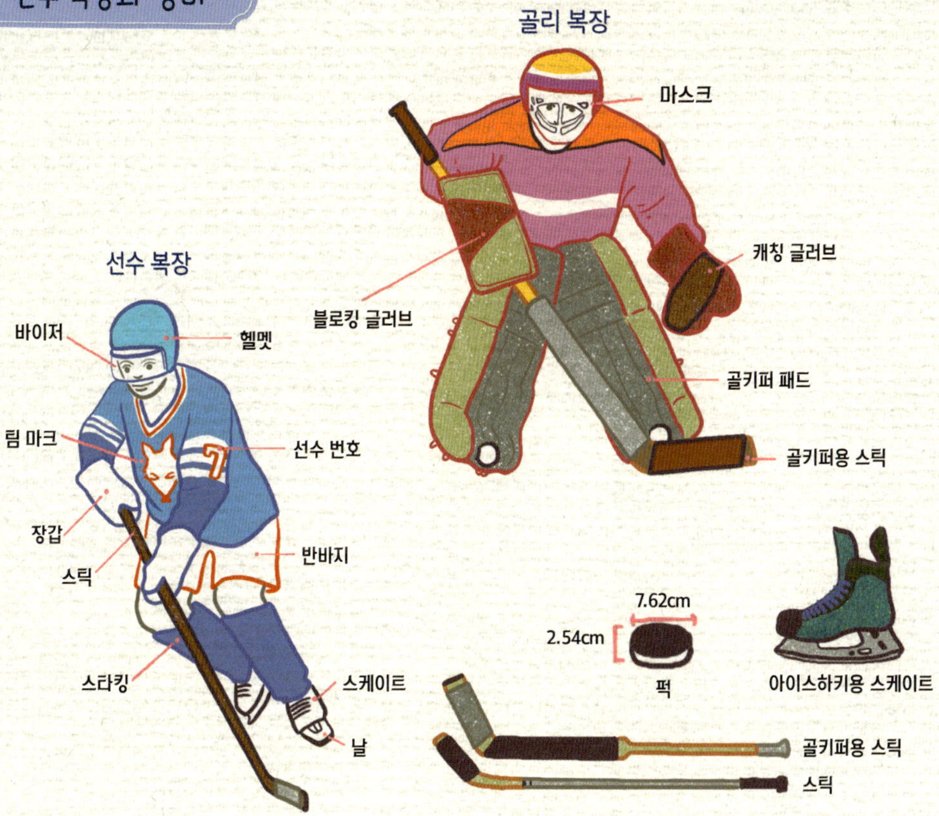

골리 복장
- 마스크
- 블로킹 글러브
- 캐칭 글러브
- 골키퍼 패드
- 골키퍼용 스틱

선수 복장
- 바이저
- 헬멧
- 팀 마크
- 선수 번호
- 장갑
- 스틱
- 반바지
- 스타킹
- 스케이트
- 날

- 퍽 (7.62cm / 2.54cm)
- 아이스하키용 스케이트
- 골키퍼용 스틱
- 스틱

선수 포지션

골리
퍽이 골대 안으로 들어오는 것을 방어하는 임무를 맡은 선수

디펜스
방어 임무를 맡은 선수의 포지션

센터 포워드
공격 임무를 맡은 3명의 포워드 중 중앙(센터)에 위치한 포지션

윙
3명의 포워드 중 센터 포워드를 제외한 2명으로, 왼쪽 선수는 레프트 윙, 오른쪽 선수는 라이트 윙이라고 한다.

컬링

4명으로 이루어진 2팀이 둥글고 납작한 돌(스톤)을 미끄러뜨려서 하우스라 불리는 표적 안에 넣어 득점을 겨루는 스포츠

경기장

가로 42.07m, 세로 4.27m의 경기장 바닥은 시트라 불리는 얼음판인데, 미세한 얼음 알갱이로 되어 있다.

호그 라인
스톤은 호그 라인을 닿기 전에 놓아야 하고 반드시 반대편 호그 라인을 넘어서야 한다.

하우스
상대 팀의 표적이 있는 공간

티
하우스 한 가운데 있는 원이다. 스톤을 티에 가장 가깝게 놓은 팀이 이긴다.

투구자
스톤을 투구하는 선수

스위퍼
솔처럼 생긴 브룸으로 바닥을 닦아서 스톤의 방향과 속도를 조절하는 선수

스킵
팀의 주장으로 모든 작전을 지휘하는 선수

백라인
하우스 뒤쪽에 표시하는 경기장의 경계선이다. 이 선을 넘어간 스톤은 경기에서 제외된다.

*리드(투구자), 세컨드(스위퍼), 서드(스위퍼), 스킵 순으로 투구하며, 일단 경기가 시작되면 순서를 바꿀 수 없다.

개요

구분	빙상 종목
기원	중세 스코틀랜드의 얼어붙은 호수나 강에서 무거운 돌맹이를 빙판 위에 미끄러뜨리며 즐기던 놀이에서 유래해 17~18세기 캐나다를 중심으로 겨울 스포츠로 발전했다. 1998년 나가노 동계 올림픽부터 정식 종목으로 채택되었다.
한국 역사	1994년 대한 컬링 경기 연맹이 창설되었고 같은 해 4월 세계 컬링 연맹에 가입했다. 짧은 역사에도 불구하고 빠르게 성장하여 2004년 세계 주니어 컬링 선수권 대회에서는 남자 팀이 4강에 오르고, 여자 팀은 준우승을 차지했다. 2007년 동계 아시안 게임에서는 남녀 모두 금메달을 획득하는 쾌거를 올렸다.
강국	캐나다, 스코틀랜드, 스위스, 미국

선수 복장과 장비

스톤
약 20kg의 화강암 재질 돌

컬링 신발
왼쪽 신발 밑창은 미끄러움을 방지하는 고무 재질이고, 오른쪽 신발 밑창은 더 잘 미끄러지기 위한 테플론 재질이다.

브룸
직물·돼지털·말총·천·플라스틱 재질로 된 빗자루로, 스톤이 지나가는 경로의 얼음을 닦는 도구

투구 방식

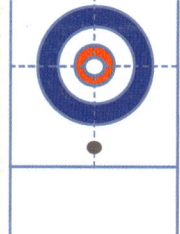  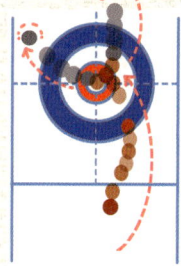

가드
상대편 스톤이 하우스 안으로 진입하지 못하도록 막는 투구

드로
가드를 피해 하우스에 가깝게 하는 투구

테이크 아웃
상대편 스톤을 밀쳐 티와 하우스에서 멀어지게 하는 투구

채점 방식

종목은 남자 10엔드, 여자 10엔드, 혼성 8엔드로 구성되며, 스톤이 상대편 하우스 앞 호그 라인을 넘어야 정상적 투구로 인정한다.

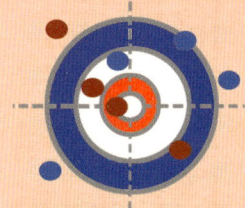 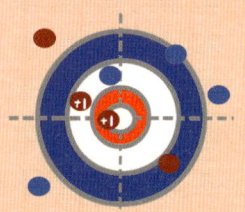

표적의 맨 중앙을 티 또는 버튼(button)이라 부른다. 티에 가장 가깝게 스톤을 위치시킨 팀이 점수를 얻는다. 즉, 티에서 더 가까운 붉은색 팀이 이긴 것이다.

이긴 팀은 진 팀의 스톤 가운데 버튼에 가장 가까운 스톤보다 더 버튼에 가까운 게 있다면 추가 점수 1점씩을 얻게 된다. 따라서 이 경우 붉은색 팀은 2점을 얻는다.

피겨 스케이팅

스케이트를 신고 얼음판 위를 활주하며 여러 가지 곡선을 따라 주행하는 경기로 점프, 스핀, 스파이럴 등의 기술과 예술적 연기를 함께 선보이는 빙상 스포츠

경기장

길이 56~60m에 너비 26~30m의 얼음판

스케이트화

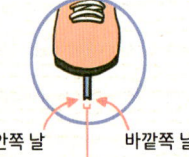

안쪽 날 / 바깥쪽 날
3-4mm
양쪽 날을 때에 따라 적절히 사용하면 다양한 동작을 표현할 수 있다.

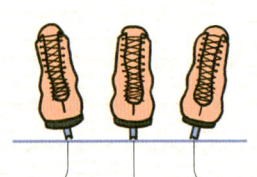

바깥쪽 날로 스케이트를 타는 모습 / 양쪽 날로 스케이트를 타는 모습 / 안쪽 날로 스케이트를 타는 모습

톱 - 점프할 때 빙판을 찍거나 방향을 바꾸고 멈출 때 사용한다.
스케이트 날

개요

구분	빙상 종목
기원	1742년 세계 최초 피겨 스케이팅 클럽이 영국에서 설립되었고, 1908년 런던 하계 올림픽부터 정식 종목이 되었다.
한국 역사	1927년에 들어왔으나 일부 계층에서만 즐겼다. 1955년 전국 빙상 선수권 대회에서 처음으로 정식 종목으로 채택되었고, 1968년 그르노블 동계 올림픽에 처음 출전했다. 2010년 밴쿠버 동계 올림픽에서 김연아가 여자 싱글에 출전해 첫 금메달을 목에 걸었다. 역대 한국 성적은 금메달 1개, 은메달 1개이다.
강국	미국, 러시아, 일본, 캐나다

채점 방식

음악에 맞춰 정해진 시간 안에 연기를 펼친다. 동작의 정확성, 유연성, 우아함 등에 따라 점수를 매긴다. 채점은 기술 점수와 프로그램 점수로 나뉜다. 경기는 기술 중심의 쇼트 프로그램과 표현력 중심의 프리 스케이팅으로 나누어 치른다. 심사위원은 홀수로 구성한다. 제한 시간은 쇼트 프로그램 2분 50초이며, 프리 스케이팅은 4분-4분 30초 이내이다. 시간을 초과하거나 채우지 못하면 감점이 있다. 아래는 2014년 소치 올림픽 김연아 선수의 쇼트 프로그램 점수표이다.

Rank	Name	NOC Code	Starting Number	⑨ Total Segment Score	⑦ Total Element Score	⑧ Total Program Component Score(factored)	Total Decuctions
1	KIM Yuna	KOR	17	74.92	39.03	35.89	0.00

#	Executed Elements ①	Info	③ Base Value	⑤ GOE	⑭ The Judges Panel (in random order)									Scores of Panel ⑥
1	3Lz+3T		10.10	1.50	2	2	3	2	2	2	2	3		11.60
2	3F		5.30	1.10	1	2	2	1	2	0	1	2		6.40
3	FCSp4		3.20	0.93	2	2	2	1	2	1	2	2		4.13
4	2A		3.63 x	1.07	2	2	2	2	3	2	2	3		4.70
5	LSp3		2.40	0.79	1	2	2	1	1	2	1	2		3.19
6	StSq3		3.30	1.14	3	3	2	2	2	2	2	3		4.44
7	CCoSp4		3.50	1.07	2	2	2	1	2	2	3	3		4.57
			31.43											39.03

⑫ Program Components		⑭ Factor									
Skating Skills		0.80	8.25	9.00	9.50	9.25	9.00	9.00	8.50	9.25	9.25	9.04
Transitions / Linking Footwork / Movement		0.80	8.00	9.00	9.25	8.75	9.00	8.25	7.75	8.50	8.75	8.61
Performance / Execution		0.80	8.00	9.50	9.75	9.00	9.25	9.25	8.50	9.25	9.00	9.11
Choreography / Composition		0.80	7.75	9.25	9.75	9.00	9.00	8.50	8.00	9.25	9.00	8.89
Interpretation		0.80	8.50	9.75	9.75	9.25	9.25	9.50	8.25	9.00	9.25	9.21
Judges Total Program Component Score (factored)												35.89
⑮ Deductions:												0.00

① 기술 요소 : 경기 전에 자기가 펼칠 기술 요소를 제출한다. 심판은 이 요소에 맞춰 채점한다.

② 점프, 스핀, 스텝 등 기술 요소를 영어 약자로 표기한다.

③ 기초 점수 : 기술 요소에 대한 기초 점수이다. 기술에 따라 점수가 높은 것도 있고 낮은 것도 있다.
  높은 점수의 기술을 성공하면 점수가 올라간다. 프로그램 후반부의 점프에는 기초점수 옆에 ×로 표기한다.

④ 심판 점수 : 각 심판들이 매긴 점수이다. 최고 3점부터 최저 -3점까지 매길 수 있다.

⑤ 수행 등급 : 심판들의 점수를 모두 합해 평균을 낸 점수

⑥ 점수 : 기초 점수와 수행 등급 점수를 합산해 총점을 낸다. 수행 등급이 -이면 기초 점수가 깎이고 높으면 가산점을 받는다.

⑦ 기술 총점

⑧ 프로그램 구성 총점

⑨ 총점

⑩ 기술 점수

⑪ 프로그램 점수

⑫ 프로그램 구성

⑬ 프로그램의 요소 : 연기, 스케이팅 기술 등 프로그램 요소

⑭ 비율 : 5가지 구성 요소의 비중

⑮ 감점

주요기술

점프

피겨 스케이팅에서 가장 힘이 넘치며 관심을 받는 것은 단연 점프이다. 점프는 모두 6종류가 있다. 아래 점프 순서는 난이도가 낮은 것 순서이다. 이 가운데 악셀이 가장 어려운 점프이다.

토룹 Toe loop
등을 돌려 오른발 바깥 날로 미끄러져 가다가 왼발 톱을 이용해 점프한다. 오른발 바깥 날로 뒤로 나아가며 내려앉는다.

살코 Salchow
등을 돌려 왼발 안쪽 날로 가다가 점프한다. 오른쪽 바깥 날로 뒤로 나아가며 내려앉는다.

룹 Loop
등을 돌려 오른발 바깥 날로 미끄러져 가다 점프한다. 등을 돌려 오른발 바깥 날로 내려앉는다.

플립 Flip
등을 돌려 왼발 안쪽 날로 미끄러져 가다가 오른발 톱을 이용해 점프한다. 등을 돌려 오른발 바깥 날로 내려앉는다.

러츠 Lutz
등을 돌려 왼발 바깥 날로 미끄러져 가다가 오른발 톱을 이용해 점프한다. 등을 돌려 오른발 바깥 날로 내려앉는다.

악셀 Axel
유일하게 앞을 향해서 뛰어오르는 점프이다. 앞을 보고 왼발 바깥 날로 나아가다가 점프한다. 3회전 반을 돈 뒤 오른발 바깥 날로 내려앉는다. 다른 점프보다 반바퀴를 더 돈다.

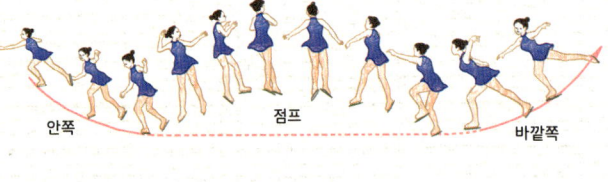
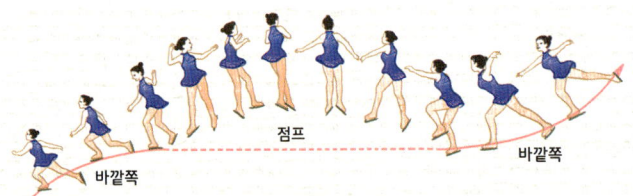

스핀 스핀은 한쪽 날(바깥쪽 날)을 중심으로 제자리에서 빙글빙글 도는 것이다. 빙글빙글 돌며 마치 꽃처럼 피어나는 듯 아름다운 모습이다. 스핀은 여러 종류가 있다.

I자 스핀

Y자 스핀

업라이트 스핀
상체와 다리가 일직선이 되어 도는 기술이다. I자 스핀, Y자 스핀 등 여러 종류가 있다.

시트 스핀
허리를 낮게 내리고, 웅크린 자세로 회전하는 기술이다. 다양한 응용 동작이 많다.

카멜 스핀
옆에서 봤을 때 T자 모양의 형태로 회전하는 기술이다.

레이백 스핀
상반신을 뒤로 젖혀 회전하는 기술이다.

비엘만 스핀
다리를 머리 위로 올려 스케이트를 손으로 잡고 회전하는 기술이다.

스파이럴 한쪽 다리를 허리보다 높게 올리고 빙판을 가로지르는 기술이다. 자세도 중요하지만 스케이트 속도와 궤도의 아름다움에 따라 점수가 달라진다.

Y자형
발뒤꿈치를 손으로 받고 팔을 들어올려 Y자 모양으로 만든 상태에서 나아가는 기술이다.

캐치풋
다리를 들어올려 한손으로 잡은 상태에서 나아가는 기술이다.

아라베스크
다리 한쪽을 엉덩이 위로 길게 뻗은 상태에서 나아가는 기술이다.

턴 한 발로 방향을 바꾸는 기술이다.

스텝 활주 중에 발을 바꾸면서 진행 방향을 바꾸는 것이다.

봅슬레이

2명 또는 4명의 선수가 팀을 이루어 길고 구불구불한 얼음 트랙을 질주하는 슬라이딩 스포츠로, 평균 시속 135킬로미터의 빠른 속도로 하강한다.

경기장

산 중턱의 경사면을 따라 강철과 콘크리트로 이루어진 거대한 미끄럼틀 같은 구조물 위에 5센티미터 얼음을 씌워 만든 트랙

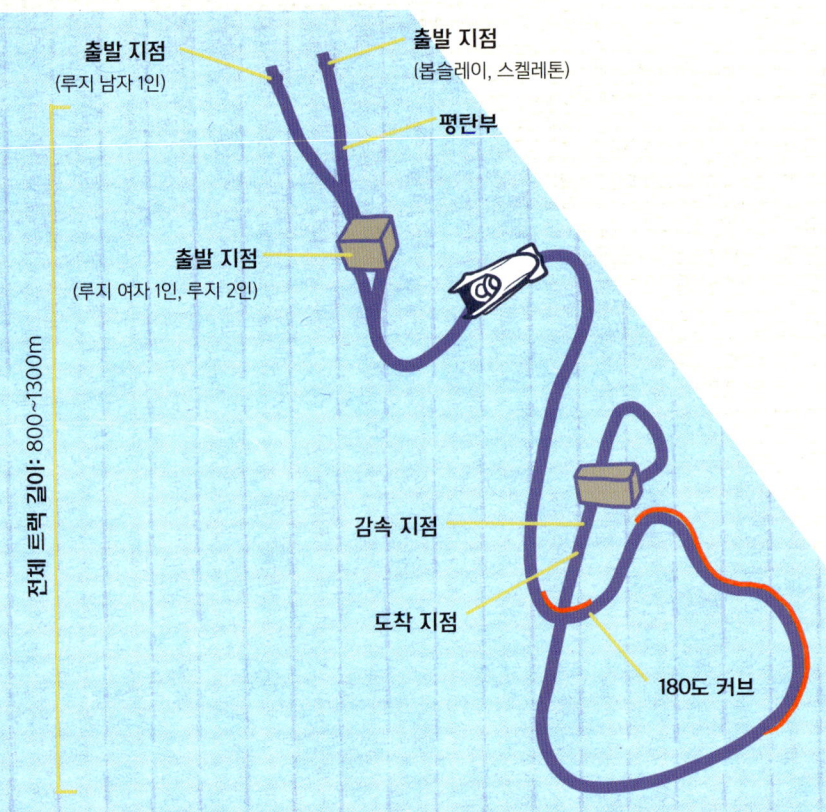

개요

구분	슬라이딩 종목
기원	봅슬레이는 썰매를 탄 선수들의 몸이 앞뒤로 흔들리는 모습을 뜻하는 봅(bob)과 썰매를 뜻하는 슬레드(sled)가 합쳐져 유래한 이름으로, 19세기 후반 장크트모리츠에서 썰매 타기 코스를 만들어 경주를 하다가 스포츠의 형태로 자리 잡았다. 올림픽 정식 종목으로 채택된 것은 1924년 제1회 동계 올림픽부터이다.
한국 역사	1992년 대한 루지 봅슬레이 연맹을 창립했고, 1999년 국제 봅슬레이 연맹에 가입했다. 2014/2015 시즌 월드컵 대회에서 첫 메달을 땄고, 2015/2016 시즌에는 봅슬레이 2인승 팀이 금메달을 목에 걸면서 한국 봅슬레이의 만만치 않은 실력을 세계에 알렸다.
강국	미국, 스위스, 독일

선수 복장과 장비

제동수(브레이크 맨)
결승선을 통과한 뒤 브레이크를 작동시키는 역할을 한다.

푸시 핸들

조종수(캡틴)
조종수는 미리 트랙을 연구하고, 각 커브의 위치와 방향을 확인해 경기를 철저히 준비한다.

범퍼

썰매
덮개는 유리 섬유나 금속으로 만들고, 출발할 때 썰매를 밀 수 있는 푸시 핸들이 있다. 방향을 조종할 수 있는 로프 장치가 2개, 레버로 당기는 브레이크, 2쌍의 금속제 활주 날이 있다.

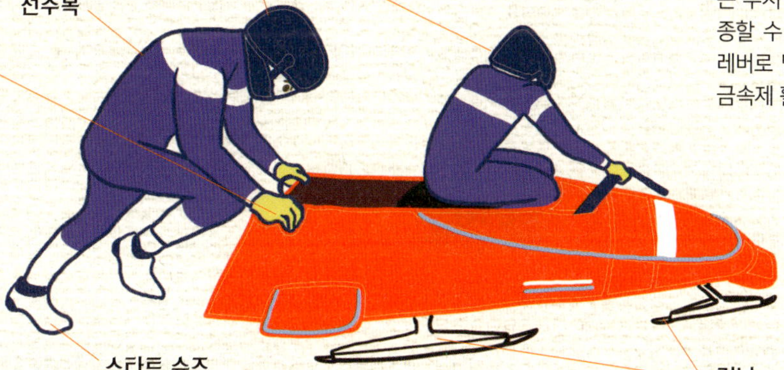

활주 날

헬멧

선수복

장갑

스타트 슈즈
신발 바닥에 스파이크가 부착되어 있어 얼음 바닥에서 미끄러지지 않고 최대 속력을 낼 수 있다.

러너
전방의 러너로 방향을 조절할 수 있다.

채점 방식

종목	남자	여자	주행 ①	순위
2인승	있음	있음	4회	기록 합산
4인승	있음	없음	4회	기록 합산

① 각 종목은 2일에 걸쳐 하루에 2차례 총 4차례 경주

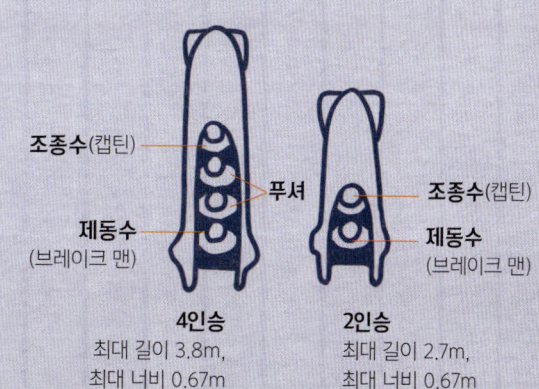

4인승
최대 길이 3.8m, 최대 너비 0.67m

조종수(캡틴)
푸셔
제동수(브레이크 맨)

2인승
최대 길이 2.7m, 최대 너비 0.67m

조종수(캡틴)
제동수(브레이크 맨)

스켈레톤

머리를 앞에 두고 엎드린 자세로 썰매를 타고 경사진 얼음 트랙을 질주하는 경기

선수 복장과 장비

- **신발**: 스파이크가 붙어 있다.
- **헬멧**: 턱 보호대가 붙어 있다.
- **썰매**: 길이 80~120cm, 높이 8~20cm로, 선수는 머리와 어깨, 다리 등으로 속도와 방향을 조정한다.
- 뒤 범퍼, 손잡이, 좌석, 이동식 러너, 앞 범퍼

출발 과정

스파이크가 부착된 스타트 슈즈를 신고 달려 나가며 가속을 높인 뒤 썰매에 올라탄다.

- 준비 / 가속 / 타기
- 표고차 110~130m
- 트랙 길이 1200~1300m

개요

구분	슬라이딩 종목
기원	북아메리카 인디언들이 겨울에 짐을 운반하기 위하여 썰매를 이용하던 것에서 유래해 스포츠로 발전. 1928년 장크트모리츠 동계 올림픽에서 정식 종목으로 채택
한국 역사	비인기 종목이었으나, 2016년 세계 선수권 대회에서 윤성빈이 은메달을 획득
강국	미국, 영국, 캐나다

채점 방식

종목	남자	여자	주행 ①	순위
1인승	있음	있음	4회	기록 합산

① 이틀에 걸쳐 하루에 2차례 총 4차례 경주

루지

썰매에 누운 채 얼음 트랙을 활주하여 시간을 겨루는 경기

선수 복장과 장비

- **2인승** → 2인승 루지
- **1인승** → 1인승 루지
- **헬멧**: 전면에 보호대가 있어 얼굴을 보호
- **장갑**: 장갑 끝에 스파이크가 붙어 있다.
- **활주 날**

출발 과정

스파이크가 붙어 있는 장갑을 끼고 트랙의 얼음 바닥을 밀어 출발할 때 추진력을 높인다.

- 표고차 110~130m
- 트랙 길이 1200~1300m

개요

구분	슬라이딩 종목
기원	루지는 프랑스어로 썰매를 뜻한다. 스위스, 오스트리아 등 산악 지방의 썰매 놀이에서 유래해 스포츠 경기로 발전했다. 1964년 인스부르크 동계 올림픽부터 정식 종목으로 채택되었다.
한국 역사	1992년 대한 루지 봅슬레이 경기 연맹 결성. 1998년 나가노 동계 올림픽부터 출전
강국	미국, 영국, 캐나다

채점 방식

종목	남자	여자	주행	순위
1인승	있음	있음	4회 ①	기록 합산
2인승	남녀 구분 없이 동시 참가		2회 ②	기록 합산
계주 ③	남녀 혼성으로 구성		3회	기록 합산

① 1인승 종목은 2일에 걸쳐 하루에 2차례 총 4차례 경주
② 하루에 2차례 주행
③ 여자 1인승, 남자 1인승, 2인승 순으로 트랙을 활주해 기록을 합산

동계 올림픽 이야기

1. 동계 올림픽의 특징

스포츠가 된 생존 수단

1939년 11월, 소련(옛 러시아)은 핀란드를 침공했습니다. 이를 '소련-핀란드 전쟁', 흰 눈이 내리는 겨울에 일어났다고 해서 '겨울 전쟁'이라고 부릅니다. 소련은 100만에 가까운 대병력에 우수한 무기로 무장하고 있었습니다. 반면 핀란드 군의 전력은 소련의 3분의 1에도 미치지 못했어요. 핀란드가 점령당하는 것은 시간문제 같아 보였습니다. 그때였습니다.

"바, 방금, 뭐였지?"

"유, 유령인가?"

처음 보는 군인들이 소련 군 앞에 나타났습니다. 그들은 눈처럼 새하얀 백색 전투복을 입고 어깨에는 소총을 메고 발에는 스키를 신고 있었어요. 핀란드의 스키 부대였습니다.

핀란드는 북유럽에 위치한 춥고 눈이 많이 내리는 국가입니다. 그런 북유럽인들에게 스키는 신발과 다름없었습니다. 소련 군이 쌓인 눈과 추위에 어쩔 줄 모를 때 핀란드 스키 부대는 능숙하게 스키를 타고 나타나 소련 군을 기습하고 유유히 사라졌습니다. 또 얼음과 눈으로 트럭이 다닐 수 없게 되자 핀란드인들은 순록이나 나귀가 끄는 썰매에 물건을 실어 군대에 보급했지요.

　시간이 흘렀습니다. 스키 부대의 치고 빠지는 게릴라전에 소련 군은 혼이 나갈 정도였습니다. 소련 군의 피해는 눈덩이처럼 불어났습니다. 견디다 못한 소련은 협정을 맺어 핀란드에서 군대를 철수했어요. 이 협정으로 핀란드는 영토의 일부를 소련에 떼어 주기는 했지만 주권은 지킬 수 있었어요. 이 전쟁으로 스키 부대는 일약 세계적으로 유명해졌습니다. 오늘날에도 핀란드에는 스키 부대가 있습니다.
　반면 소련의 체면은 말이 아니었습니다. 내심 소련을 경계하던 독일의 히틀러조차 '뭐야? 소련 별거 아니잖아!'라고 생각하고는 이듬해에 소련을 침략해 독소 전쟁을 일으켰습니다. '소련-핀란드 전쟁'이 그 계기가 된 것입니다.
　이 스키 부대의 흔적은 초기 동계 올림픽에 고스란히 남아 있습니다. 초기 올림픽에는 '군사 정찰(military patrol)'이라는 종목이 있었습니다. 듣기만 해도 군대 냄새 폴폴 풍기는 이 종목은 스키를 타고 높은 산을 오르다가 총으로 빵빵 사격을 하는 스포츠입니다. 스키와 사격을 결합한 종목이지요. 그래서 군사 정찰 시합에는 현역 군인들이 선수로 참가했습니다. 군사 정찰이 변형된 종목이 오늘날의 '바이애슬론'입니다.

스키 부대와 바이애슬론의 사례처럼 오늘날 동계 올림픽 종목 대부분은 추운 지역 주민들의 생존 수단이자 이동 수단이고, 교통수단이었지요. 이미 5000년 전부터 추운 지방에 살던 사람들은 나무나 동물의 뼈를 평평하고 길쭉하게 갈아서 눈이나 얼음에 잘 미끄러지는 신발을 생각해 내 만들어 신었습니다. 이것이 스키와 스케이트의 기원입니다. 또 동계 올림픽 썰매 3종목인 봅슬레이, 스켈레톤, 루지는 꽁꽁 얼어붙은 강과 눈 쌓인 들판을 가로질러 사람과 물자를 수송했던 썰매에서 유래했습니다. 20세기 초까지 알래스카의 우편배달부는 개가 끄는 썰매로 우편물을 배달했어요. 실제로 옛날 동계 올림픽에는 개나 말이 썰매를 끄는 스키저링(skijoring)이라는 시범 경기 종목이 있었어요. 동물을 올림픽에 이용하는 것에 반대하는 목소리가 높아 지금은 없어졌지요. 이처럼 동계 올림픽 종목 중에는 과거의 생존 수단에서 스포츠로 변형된 것이 많습니다. 어떤 스포츠는 그 지역의 문화가 고스란히 반영되어 있거든요.

겨울 스포츠는 비싸

한때 스키는 골프와 더불어 '부자 스포츠'라는 인식이 강했습니다. 소득 수준이 늘어난 지금은 해마다 500만 명 이상이 즐기는 대중적인 스포츠로 자리 잡고 있어요. 하지만 동윤이네 같은 평범한 서민에게는 여전히 큰돈을 내고 가야 할지 말아야 할지 결단이 필요한 스포츠입니다. 스키뿐만 아닙니다. 봅슬레이, 피겨 스케이팅, 아이스하키 같은 동계 올림픽 종목은 하나같이 장비 값이 엄청납니다.

동계 올림픽에서 장비 값이 가장 비싼 종목은 봅슬레이입니다. 썰매 하나가 1억 원을 훌쩍 넘어요. 김연아 선수의 등장으로 인기를 끌게 된 피겨 스케이팅도 만만치 않게 돈이 드는 종목입니다. '제2의 김연아'를 꿈꾸는 어린 유망주가 많이 나타나지만 문제는 비용입니다. 한 켤레에 100만 원이 훌쩍 넘는 스케이트, 한 시간에 10만 원을 웃도는 레슨비, 대관비, 안무비, 그리고 혀를 내두를 만큼 비싼 의상까지. 김연아 선수도 옛날에는 비싼 레슨비와 해외 전지훈련비, 국제 경기 출전 경비를 마련하지 못했다고 해요. 그래서 그녀가 살던 군포시 시민들이 후원회를 조직해

모금 운동을 벌인 일화는 꽤 유명합니다. 그렇다면 동계와 하계 올림픽을 통틀어 장비가 가장 비싼 스포츠는 무엇일까요? 바로 승마입니다. 승마 선수가 되려면 최소 15억 원에서 50억 원이 필요합니다.

열대 국가는 들러리?

2014년 소치 동계 올림픽에는 88개국, 2780명의 선수가 참가했습니다. 동계 올림픽 역사상 최대 규모라고 떠들썩했지만 100여 년 전에 열린 하계 올림픽과 비슷한 규모였습니다. 가장 최근에 열린 2016년 리우데자네이루 하계 올림픽에는 206개국, 1만 명이 넘는 선수가 참가했어요. 참가 선수 숫자만 계산하면 약 4배입니다. 왜 동계 올림픽 규모는 하계 올림픽보다 작을까요? 그 대답은 인구에 있습니다.

2017년 현재 지구상에는 약 75억 명이 살고 있습니다. 그중 60퍼센트가 북위 20도에서 40도 사이에 몰려 있어요. 세계 인구 순위 1위부터 3위인 중국, 인도, 미국도 이 기후대에 속해 있고요. 한국도 마찬가지입니다. 이 기후대는 날씨가 따뜻하고 강수량이 풍부해 농사짓기에 안성맞춤이라 많은 사람들이 먹고 살 수 있어요. 반면, 사하라 사막처럼 몹시 뜨겁고 건조하거나 북유럽·몽골·시베리아·알래스카같이 추운 곳은 인구 밀도가 매우 낮습니다. 올림픽도 이 인구 비율에 영향을 받습니다. 온화한 기후대에 속하는 지역에는 수영, 육상, 축구 등 계절과 상관없이 즐길 수 있는 스포츠가 풍부합

니다. 눈이 오고 얼음이 얼어야만 가능한 겨울 스포츠에 굳이 투자를 많이 할 필요가 없어요.

1924년 제1회 동계 올림픽이 개최되었을 때 열대 국가는 한 곳도 참가하지 않았어요. 48년이 지난 1972년 삿포로 동계 올림픽 때 비로소 동계 올림픽에 참가하는 첫 열대 국가가 나타났습니다. 평균 기온이 섭씨 25도인 필리핀입니다.

"필리핀? 동남아시아의 그 필리핀?"

이쯤에서 고개를 갸웃거리는 친구가 있을지 모르겠습니다. 지금 필리핀은 불안정한 정치·마약·빈곤·폭력·부패로 혼란을 겪고 있지만 1960년대까지는 아시아에서 일본 다음으로 잘사는 국가였습니다. 경제력이 있으니 열대 국가이면서도 겨울 스포츠에 과감히 투자할 수 있었지요. 필리핀은 삿포로 동계 올림픽에 참가해 알파인 스키 종목에 2명을 출전시켰어요. 성적은 물론 신통치 않았습니다. 73명 중 42위를 차지한 게 가장 좋은 성적이었지요. 어쨌든 필리핀을 신호탄으로 동계 올림픽에 참가하는 열대 국가와 선수가 점점 늘어났어요.

1980년 미국 레이크플래시드 동계 올림픽에는 카리브해 연안의 코스타리카가 참가했고, 이후 과테말라나 자메이카 같은 중남미 국가는 물론 카메룬, 에티오피아, 케냐 같은 아프리카 국가와 홍콩, 태국 등 아시아 열대 국가도 동계 올림픽에 모습을 드러냈습니다. 성적은 약속이나 한 듯 저조합니다. 제1회 동계 올림픽 경기 대회 이후 90년 동안 22번의 동계 올림픽이 열렸고 2866개의 메달이 주인을 찾았습니다. 그런데 열대 국가는 단 한 개의 메달도 획득하지 못했어요. 또 지금까지 동계 올림픽에는 150개국이 참가했는데 한 개 이상의 메달을 획득한 국가는 겨우 45개국입니다. 그중 금메달을 획득한 나라는 32개국뿐이고요. 85개국에서 금메달을 가져간 하계 올림픽과는 대조적인 모습이에요. 메달과 인연이 없는 국가 대부분이 바로 열대 국가와 남반구 국가입니다.

개최 도시의 사정도 비슷합니다. 대륙별로 유럽이 14번 개최로 가장 많고, 북아메리카가 6번, 아시아에서는 4번 개최했습니다. 반면, 적도 주변의 열대 국가와 아프리카 및 남반구 국가 중에는 개최권을 따낸 도시가 하나도 없습니다.

사람들은 입버릇처럼 말합니다. 올림픽은 성적보다는 참가하는 데 의의가 있는 게 아니냐고. 그런데 정작 사람들이 관심을 갖고 언론이 주목하는 것은 개최 도시와 뛰어난 성적을 거둔 선수들에게 한정되는 것이 현실입니다. 하지만 앞으로는 변화가 있을 거예요. 동계 올림픽에 참가하려는 열대 국가 수가 점점 늘어나고 있거든요. 더 나아가 올림픽 유치에 관심을 보이는 열대 국가도 있습니다. 석유를 팔아서 부유해진 중동의 산유국들은 초대형 실내 경기장을 짓고 그 안에 눈과 얼음을 가득 채워서라도 동계 올림픽을 유치하겠다며 의지를 보이고 있습니다. 동계 올림픽에서 첫 메달을 획득하는 열대 국가는 어떤 나라일지, 또 열대 국가에서 최초로 동계 올림픽 유치에 성공할 수 있을지 무척 궁금합니다.

명성 황후와 스케이트 파티

1895년 1월 17일 경복궁 향원정에서 색다른 모임이 있었습니다. 당시 조선에 거주하던 외국인들이 향원정에 초대를 받았습니다. 외국인을 초대한 사람은 조선 제26대 국왕 고종과 그의 아내 명성 황후였습니다. 추운 겨울이라 향원정 앞 연못은 꽁꽁 얼어붙었어요. 맛난 식사를 대접받은 외국인들은 고종 부부가 보는 앞에서 피겨 스케이팅 시범을 보였습니다.

피겨 스케이팅이 서양에서 처음 들어왔을 때 조선인들은 빙예(氷藝: 빙판 위의 예술) 또는 빙족희(氷足戲: 신발을 신고 얼음 위를 미끄러져 달리는 놀이)라고 불렀어요. 고종 부부는 피겨 스케이팅을 보면서 어떤 반응을 보였을까요?

"크하하, 중전도 보셨소? 저 서양인이 그만 넘어졌구려."

고종은 박수를 치며 즐거워했습니다.

반면 명성 황후는 "정말 서양인은 천박하군요. 어떻게 남자와 여자가 손을 잡을 수가 있지요? 저들은 정녕 부끄러움도 모르는 건가요?" 하며 못마땅해 했습니다. 당시에는 남녀 구별이 엄격한 유교 사상이 지배적이었거든요.

그런데 시간이 지나자 "어머, 어머! 저 이상한 신발을 신고서 의자를 풀쩍 뛰어넘다니, 전하, 전하! 보셨어요?" 하며 명성 황후도 고종처럼 손뼉을 치며 소녀처럼 즐거워했답니다. 며칠 뒤 명성 황후는 외국인들을 향원정으로 초대해 다시 스케이트 파티를 열었습니다. 이 일화는 당시 조선에 머무르고 있던 영국인 이자벨라 비숍(Isabella Bishop)이 쓴 《조선과 그 이웃 나라들(Korea and Her Neighbours)》에 실린 내용입니다. 기록으로 전해지는 한국 최초의 피겨 스케이팅 풍경이지요.

언뜻 들으면 왕실에서 서양인들을 초대해 즐거운 시간을 보낸 것처럼 보입니다. 하지만 한 번도 아니고 두 번씩이나 스케이트 파티를 열기에는 당시 조선 상황이 그리 태평스럽지 않았어요. 당시 조선은 바람 앞의 촛불과 같은 위태로운 처지였습니다. 중국, 러시아, 일본 등 힘센 나라들이 굶주린 승냥이처럼 조선을 바라보며 군침을 흘리고 있었지요. 스케이트 파티가 벌어졌던 1895년은 일본과 청나라가 조선을 놓고 한창 청일 전쟁을 벌이던 때였습니다. 그 전쟁터도 조선이었고요. 비유하자면 윗집 아저씨와 아랫집 아주머니가 우리 집 거실에 쳐들어와 우리 식구 의사와는 전혀 상관없이 '이기는 사람이 이 집을 갖는다.'라는 목표로 우리 집 물건을 멋대로 집어 던지며 싸우는 것과 같습니다. 외국 군대들이 우리나라 땅에 들어와 우리나라 지배권을 놓고 피 터지게 싸우는데도 조선은 눈만 끔벅거릴 뿐 아무 말도 할 수 없었습니다. 힘이 없었으니까요.

청일 전쟁은 서서히 일본의 승리로 굳어져 가고 있었습니다. 의기양양해진 일본은 벌써부터 명성 황후에게 청나라와의 관계를 끊으라고 으르렁댔어요. 궁지에 빠진 명성 황후는 조선이 기댈 수 있는 새로운 국가를 찾으려고 했습니다. 청나라도 일본도 아닌 나라로 말입니다. 피겨 스케이팅 파티는 조선에 도움을 줄 수 있는 서양 국가를 탐색하기 위한 명성 황후의 치밀한 외교라고 봐야 할 것입니다. 비숍도 이렇게 적고 있어요.

"왕은 외국인에게 호의를 베풀었다. 그리고 위험에 처했을 때 솔직하게 그들의 도움에 의지했다."

명성 황후의 선택은 러시아였습니다. 패배가 확실한 청나라는 종이호랑이였고, 승리에 도취한 일본은 오만하고 위험했습니다. 명성 황후의 의도는 러시아를 끌어들여 일본을 견제하는 것이었습니다. 명성 황후의 계획을 눈치챈 일본은 펄펄 뛰었습니다. 거의 다 잡은 고기(조선)를 러시아에게 빼앗기게 생겼으니까요. 일본은 눈엣가시 같은 명성 황후를 제거하기로 마음먹었습니다.

1895년 10월 8일, 일본은 자객을 보내 명성 황후를 살해했습니다. 역사에서는 이 사건을 '을미사변'이라고 부릅니다. 그녀가 살해당한 장소는 공교롭게도 9개월 전 스케이트 파티가 벌어졌던 향원정 앞 건청궁이었습니다.

2. 동계 올림픽은 어떻게 시작되었을까?

쿠베르탱이 동계 올림픽을 반대한 이유

피겨 스케이팅과 아이스하키는 동계 올림픽을 대표하는 종목입니다. 피겨 스케이팅은 김연아 선수의 선전으로 우리에게도 잘 알려진 종목이고, 아이스하키는 동계 올림픽 관중의 절반이 아이스하키를 보러 오는 사람이라고 할 만큼 최고의 인기 스포츠입니다. 인기 종목이라는 점 말고 또 다른 공통점이 있습니다. 둘 다 처음에는 하계 올림픽 종목이었다는 사실입니다.

100여 년 전까지 동계 올림픽이란 것은 존재하지 않았습니다. 1896년 그리스 아테네에서 시작된 첫 근대 올림픽은 여름에 열리는 하계 올림픽이었습니다. 근대 올림픽을 만든 사람은 '올림픽의 아버지'라고 불리는 프랑스 귀족 쿠베르탱이었습니다. 쿠베르탱은 근대 올림픽을 기획할 때 2700여 년 전의 고대 그리스 올림픽을 모델로 삼았어요. 그리스는 겨울에도 온화한 지중해성 기후입니다. 그래서 올림픽 종목도 달리기, 레슬링, 권투, 이종 격투기와 비슷한 판크라티온 등 하나같이 땀을 줄줄 흘리며 하는 여름 스포츠였지요. 그러한 고대 올림픽이 부활한 게 근대 올림픽이니, 당연히 스케이팅이나 스키와 같은 겨울 스포츠는 처음부터 올림픽에 들어 있지 않았던 거예요.

비록 올림픽만큼은 아니지만, 동계 스포츠는 이미 19세기부터 유럽에서 적지 않은 인기를 누리고 있었습니다. 나름대로 규모를 갖춘 국제 대회도 있었고요. 결코 올림픽과 견주어 무시당할 수준은 아니었어요. 올림픽을 운영하는 국제 올림픽 위원회(IOC) 내부에서도 슬슬 말이 나오기 시작했습니다. 이만하면 올림픽에 겨울 스포츠를 넣어도 되지 않느냐는 것이지요. 그럴 때마다 IOC 위원장인 쿠베르탱의 대답은 단호했어요.
　"됐어! 올림픽은 여름 종목만으로 충분해!"
　쿠베르탱은 고집스러울 정도로 고대 그리스 문화에 강한 집착을

보였습니다. 고대 그리스 올림픽에 겨울 스포츠 종목이 없는데 어떻게 근대 올림픽에 넣겠냐는 것이지요. 이때 등장한 사람이 빅토르 구스타프 발크라는 스웨덴인이었어요.

쿠베르탱이 하계 올림픽의 아버지라면, 겨울 스포츠에는 빅토르 구스타프 발크가 있었습니다. 발크는 쿠베르탱처럼 국제 올림픽 위원회 소속이자 쿠베르탱의 절친한 벗이기도 했어요. 발크는 고집 센 쿠베르탱을 끈질기게 설득했습니다.

발크의 끈질긴 설득에 쿠베르탱도 두 손 들었습니다. 1908년 제4회 런던 하계 올림픽 경기 대회에서 피겨 스케이팅이 올림픽 종목으로 처음 채택되었습니다. 12년 뒤인 1920년 안트베르펜 하계 올림픽 때에는 아이스하키 대회도 함께 열렸어요. 하지만 하계 올림픽이 겨울 스포츠를 안고 가는 데에는 한계가 있었습니다. 날씨가 발목을 잡았던 것입니다.

하계 올림픽은 보통 여름에 열립니다. 반면 동계 올림픽 종목은 얼음이 얼고 눈이 내릴 때까지 기다려야 해요. 그러니까 올림픽을 한 번 치르려면 여름부터 겨울까지 긴 시간이 필요했어요. 사정이 이렇게 되자 하계 올림픽 종목과 동계 올림픽 종목을 분리해야 한다는 목소리가 불거져 나오기 시작했습니다. 겨울 스포츠만 따로 떼어 내 독자적으로 올림픽을 열어야 한다는 것이지요. 하지만 동계 올림픽만 따로 개최하는 것은 말처럼 쉬운 일이 아니었어요.

동계 올림픽이 시작되다

근대 올림픽이 시작될 즈음 스웨덴, 노르웨이, 덴마크 등 북유럽 3개국은 '그들만의 올림픽'을 즐기고 있었습니다. 스키 대회인 노르딕 대회예요. 기간도 올림픽처럼 4년마다 한 번씩 열었죠. 이 북유럽 국가들은 따로 동계 올림픽을 개최하는 것에 강력하게 반대했어요.

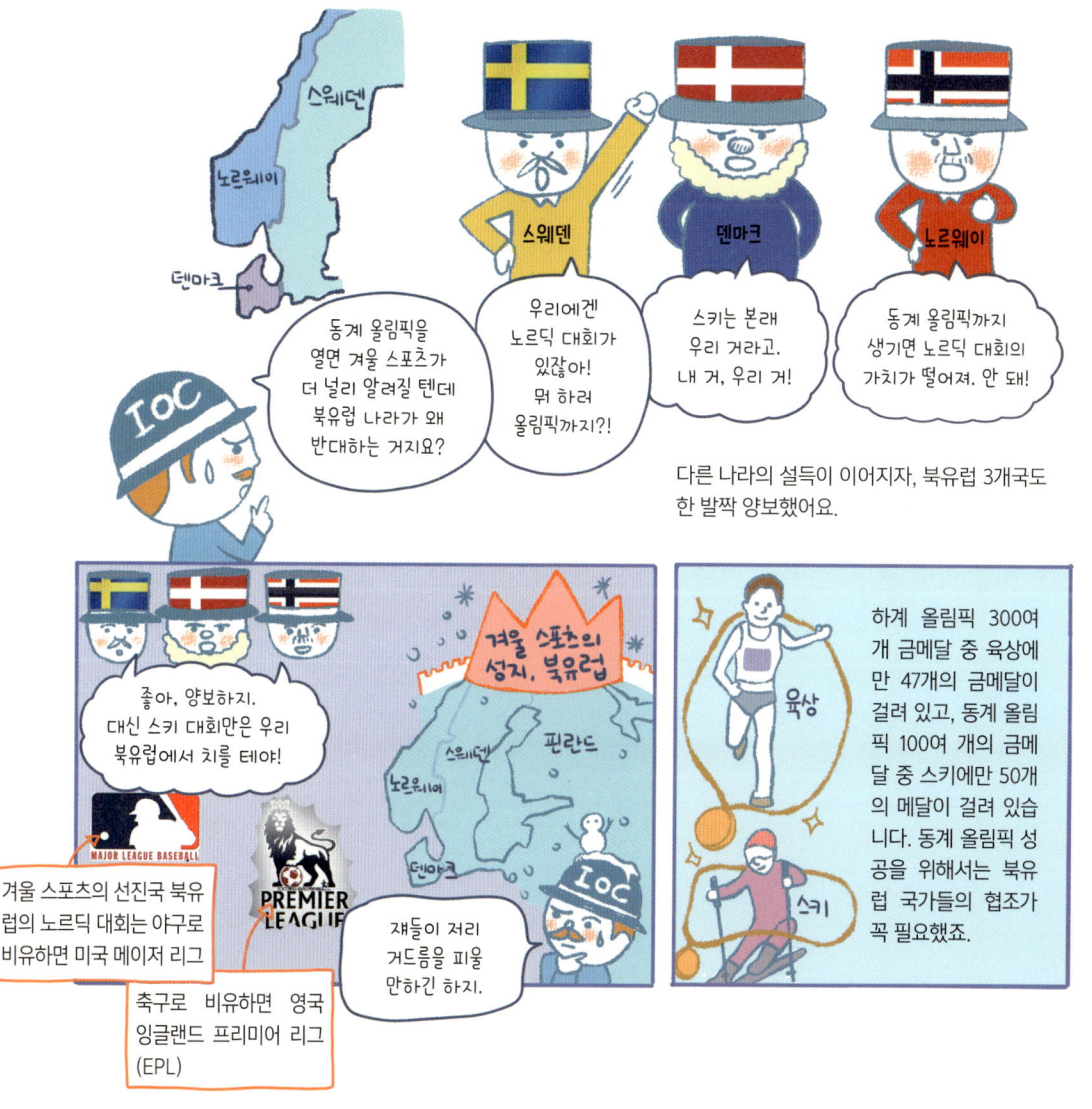

그래서 아래와 같이 길고 긴 이름으로 대회가 치러졌습니다.

'제8회 올림피아드(국제 올림픽 경기 대회)의 일부로서, IOC가 최고 후원자가 되어 프랑스 올림픽 위원회가 프랑스 동계 경기 연맹과 프랑스-알파인 클럽 공동으로 샤모니몽블랑(줄여서 샤모니) 지방에서 개최하는 동계 스포츠 대회'

이름이 비상식적으로 길어서 '국제 동계 스포츠 주간'이라고 줄여 부르기도 했어요. 대회가 열린 곳은 프랑스 남부 샤모니라는 작은 마을이었습니다. 샤모니에서 멀지 않은 곳에는 몽블랑이라는 대단히 아름다운 산이 있습니다. 그래서 '샤모니-몽블랑 대회'라고도 불렸습니다.

샤모니 동계 스포츠 대회는 1월 25일부터 2월 5일까지 12일에 걸쳐 9개 종목, 16개 세부 종목, 16개 나라에서 258명의 선수가 참가했습니다. 아시아에서는 유일하게 일본이 참가할 예정이었지만 그 전년인 1923년에 간토 대지진이 발생하여 불참했습니다.

사람들의 기대와 우려 속에서 개막한 샤모니 동계 스포츠 대회는 날씨가 속을 썩였습니다. 개막식 날 화창하더니 다음 날부터 폭설이 내리고, 대회가 끝날 무렵에는 비까지 뿌려 스케이트장이 질퍽하게 변했어요. 그렇지만 대회는 성공적이었습니다. 선수들은 규칙을 준수했고, 샤모니 마을의 이장들이 북유럽의 경기장 시설을 미리 시찰하고 올 만큼 지역 주민의 주인 의식과 참여도도 높았습니다.

줄곧 동계 올림픽을 냉소적으로 생각하던 쿠베르탱조차도 샤모니 동계 스포츠 대회의 성공을 인정했습니다. 2년 뒤 1926년, IOC는 샤모니 동계 스포츠 대회가 동계 올림픽의 초석을 다졌다는 점을 높이 평가해 좀 늦었지만 제1회 동계 올림픽 경기 대회로 선언했습니다. 이때부터 동계 올림픽은 하계 올림픽의 파트너로, 때로는 경쟁자로, 스포츠 역사의 한 페이지를 써 내려가게 됩니다.

같은 국가에서 개최된 하계 올림픽과 동계 올림픽

우여곡절 끝에 동계 올림픽은 독립했습니다. 하지만 완전한 독립은 아니었습니다. IOC는 동계 올림픽 단독 개최를 인정하는 대신 조건을 내걸었습니다.

"동계 올림픽은 하계 올림픽이 열리는 같은 해에 열려야 한다. 그리고 하계 올림픽을 개최하는 나라에 동계 올림픽까지 치를 수 있는 우선권을 준다!"

제1회 동계 올림픽 경기 대회 개최지는 프랑스 샤모니였습니다. 같은 해에 열리게 되는 하계 올림픽 개최지가 프랑스 파리였기 때문입니다. 하계 올림픽 개최지를 먼저 결정한 뒤, 그 국가의 다른 도시를 하나 골라 동계 올림픽마저 치르는 것이지요. 동계 올림픽은 그저 하계 올림픽 개최 국가가 결정되면 군말 없이 따르는 방식이었습니다. 하계 올림픽이 동계 올림픽보다 우선이라는 인식이 반영된 것입니다. 하지만 이 원칙은 제2회 올림픽 때부터 흔들리고 말았어요.

IOC는 1928년 하계 올림픽 개최지를 네덜란드 암스테르담으로 결정했어요. 그렇다면 그해 동계 올림픽 개최지도 네덜란드에 있는 어떤 도시여야 했지요. 하지만 네덜란드는 IOC의 원칙을 따르지 않았어요. IOC에 반항을 한 것이 아니었어요. 어쩔 수 없는 사정이 있었습니다.

"눈이 내려야 동계 올림픽을 치르든지 말든지 하지!"

당시 네덜란드에는 얼음과 눈을 갖춘 적당한 도시가 없었어요. 그래서 알프스산맥으로 유명한 스위스 장크트모리츠로 개최지가 변경되었습니다. 제3회, 제4회 올림픽은 다시 원칙대로 동계 올림픽과 하계 올림픽을 같은 국가에서 열었어요. 하지만 이 원칙은 본질적으로 문제가 많았어요. 하나의 국가에서 같은 해에 하계, 동계 올림픽을 모두 개최해야 한다면 올림픽은 얼음과 눈이 풍부한 추운

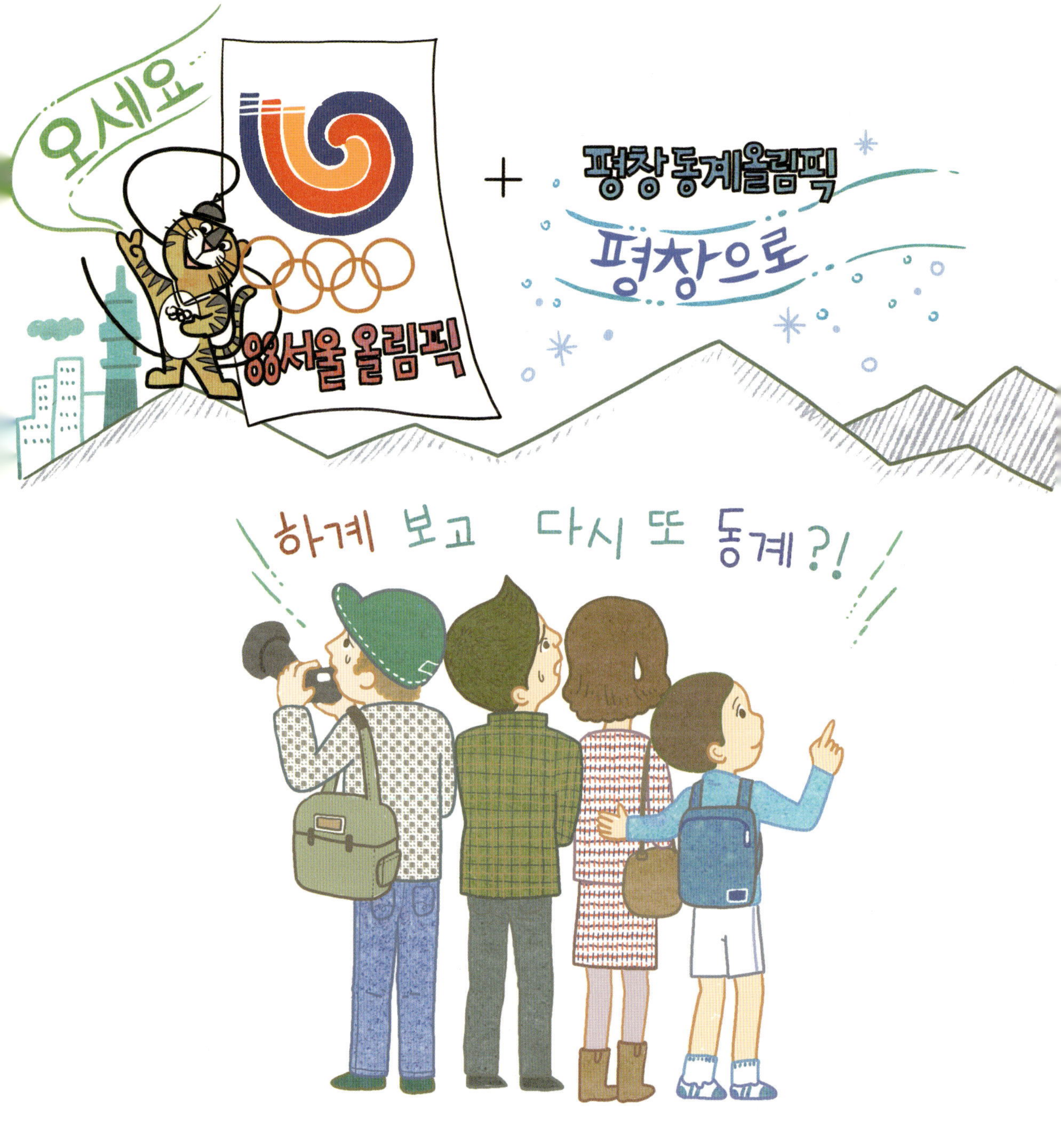

오세요
88서울 올림픽
+
평창 동계올림픽
평창으로
하계 보고 다시 또 동계?!

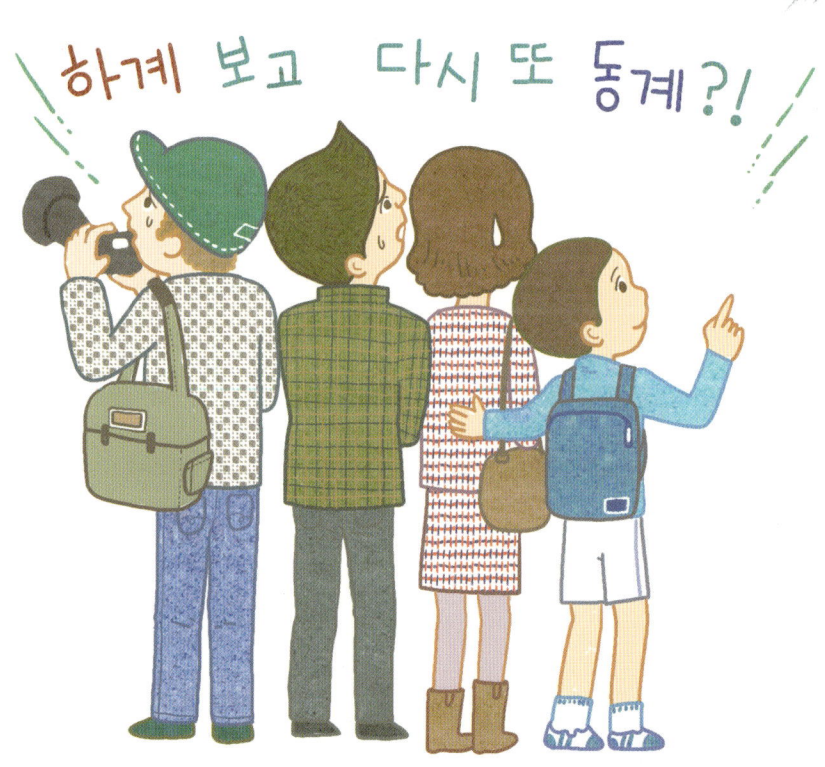

나라에서만 가능합니다. 따뜻한 남부 유럽이나 중동, 중남미 국가는 올림픽 개최에 도전할 엄두조차 못 내겠지요.

개최국의 경제적 부담도 문제였습니다. 하계 올림픽 하나를 준비하는 데도 막대한 비용이 드는데 동계 올림픽까지 치르려면 그 나라 살림은 거덜이 날 거예요. 1948년부터 이 원칙은 폐지되어 하계 올림픽은 영국 런던이, 동계 올림픽은 스위스 장크트모리츠가 나눠 가졌습니다. 대신 같은 해에 하계 올림픽과 동계 올림픽을 치른다는 내용은 여전히 유효했습니다. 만일 이 원칙이 계속 지켜졌다면 어떻게 되었을까요? 1988년 서울에서 올림픽이 열렸을 때, 한국은 그해 겨울 또 다른 도시에서 동계 올림픽까지 치렀을 겁니다. 이를테면 평창 같은 도시 말이에요.

전쟁으로 취소된 올림픽

1940년 하계 올림픽 개최지는 일본 도쿄였습니다. 하계 올림픽 개최국은 동계 올림픽 개최에 우선권을 가진다는 원칙에 따라, 일본은 삿포로 동계 올림픽까지 유치할 수 있었어요. 이렇게 일본은 아시아 최초이자 미국과 유럽이 아닌 대륙에서 첫 올림픽을 개최하는 영광까지 누리게 되었습니다. 당시 한국은 일본의 식민지 상태였습니다. 올림픽 개최가 선진국만이 누릴 수 있는 권리라는 것을 생각하면, 당시 일본의 국력이 얼마나 대단했는지 알 수 있어요.

하지만 일본은 하계, 동계 두 올림픽 경기 대회를 모두 포기합니다. 전쟁 때문이었습니다. 유치가 확정되고 1년 뒤인 1937년, 일본은 중국을 침략해 중일 전쟁을 일으켰습니다. 올림픽도 중요하지만 전쟁에 비할 게 아니었어요. 죽느냐 사느냐 전쟁을 하는 판국에 한가하게 올림픽에 집중할 여유가 없었습니다. 일본은 미련 없이 IOC에 개최권을 반납했어요.

"어쩔 수 없지. 그럼 누구에게 이 개최권을 넘긴담?"

IOC는 삿포로를 대신해 제5회 동계 올림픽 개최지를 독일의 가르미슈파르텐키르헨으로 결정했어요. 내친김에 제6회 동계 올림픽도 이탈리아의 코르티나담페초에서 개최하기로 결정지었지요. 그런데 석 달 뒤, 제2차 세계 대전이 발발하면서 유럽은 전운에 휩싸였습니다. 당연히 독일과 이탈리아에서 열릴 예정이던 동계 올림픽 경기 대회까지 취소가 되었지요. 전쟁이 끝나고 3년 뒤인 1948년이 되어서야 동계 올림픽을 치를 수 있었습니다.

12년 만에 치러진 제5회 동계 올림픽은 스위스 장크트모리츠에서 열렸어요. 스위스는 제2차 세계 대전 기간 중에 "우리는 누구 편에도 서지 않겠소!"라고 중립을 선언했어요. 덕분에 전쟁에 휘말리지 않고 올림픽 시설을 고스란히 유지할 수 있었지요. 또 장크트모리츠 동계 올림픽은 한국이 건국 이후 처음으로 참가한 국제 대회이기도 했어요. 반면, 제2차 세계 대전의 패전국인 독일과 일본은 이 대회에 초대받지 못했어요. 전쟁을 일으켜 세계를 혼란에 빠뜨린 전쟁 범죄 국가(전범국)에 대해 IOC가 내린 징벌이었지요.

하지만 참가 금지라는 징벌은 고작 한 번이 전부였습니다. 4년 뒤인 1952년 노르웨이 오슬로 동계 올림픽에서 일본과 독일은 보란 듯이 대회에 복귀했습니다. 또 중일 전쟁 때문에 동계 올림픽을 반납한 일본은 32년 만인 1972년 삿포로에 다시 동계 올림픽을 유치하는 데 성공했습니다.

한편, 제6회 오슬로 동계 올림픽부터는 성화 봉송도 시작했습니다. 성화를 릴레이로 운반해서 올림픽 개막식 때 점화하는 것은 오늘날 올림픽 개막식에서 빼놓을 수 없는 중요한 의식입니다. 하지만 근대 올림픽을 시작했을 때 성화 봉송은 없었습니다. 근대 올림픽의 모델이 된 고대 그리스 올림픽에서도 성화 봉송은 존재하지 않았지요.

성화가 올림픽에 나타난 것은 1928년 제9회 하계 올림픽부터입니다. 이때도 화려한 볼거리로 한번 해 본 것일 뿐 의무는 아니었는데 사람들의 반응이 괜찮았어요. 1952년부터 성화 봉송은 의무적인 행사로 자리를 잡았어요. 오늘날 성화의 불씨는 올림픽의 발상지인 그리스에서 가져오지만, 동계 올림픽 첫 성화는 노르웨이의 모르게달이라는 아주 작은 마을에서 가져왔어요. 근대 스키의 창시자인 손레 노르헤임이 이곳에서 태어났기 때문입니다. 성화를 나르는 방식도 동계 올림픽답게 4명이 한 조가 되어 총 16개 조, 64명이 스키를 타고 릴레이로 운반했어요. 그러다 제9회 동계 올림픽부터는 하계 올림픽처럼 그리스에서 태양열로 채화를 해서 봉송하기 시작했어요.

혼돈의 동계 올림픽

대회 횟수가 하나둘 쌓이면서 동계 올림픽은 양적·질적으로 풍성해졌습니다. 새로운 종목이 추가되고 선수단 규모와 참가국도 늘었습니다. 제1회 동계 올림픽에는 유럽과 북아메리카 대륙 국가들만 참가했는데 어느덧 아시아와 중남미, 오세아니아, 아프리카 등 모든 대륙이 선수단을 파견했어요. 이로써 동계 올림픽은 명실상부 지구촌 축제로 자리매김하게 되었지요. 하지만 양지가 있으면 그늘도 있는 법입니다. 동계 올림픽의 성장에는 이런저런 성장통이 따랐습니다. 동계 올림픽을 들썩거리게 만들었던 사건 몇 가지를 소개합니다.

1972년 일본 삿포로 동계 올림픽에 출전한 오스트리아 스키 선수 칼 슈란츠.

슈란츠의 인기가 어마어마했기 때문에 여러 기업들이 그에게 광고를 부탁했습니다.

1980년, 미국 레이크플래시드 동계 올림픽에서는 세계를 뒤숭숭하게 하는 사건이 발생했습니다. 대만이 올림픽 보이콧, 즉 대회 불참을 선언한 거예요. 동계 올림픽 역사상 최초의 보이콧이었습니다. 과연 대만에 무슨 일이 있었던 걸까요?

대만은 중국 동쪽에 있는 작은 섬입니다. 1949년 사회주의 세력과 대결해 밀려난 중국인들이 이 섬으로 들어가 세운 나라가 지금의 대만입니다. 대만인들은 자신들이 독립국이고, 중국의 정통성을 계승한 진짜 중국이라고 믿습니다. 올림픽에 출전할 때도 'Republic of China(중화민국)'라는 이름을 사용했지요. 그럴 때마다 중국은 코웃음을 쳤습니다. 중국은 대만을 독립 국가로 인정하지 않습니다. 중국은 전통적으로 '하나의 중국' 정책을 내세운 나라입니다. 그들에게는 대만도 중국의 영토일 뿐입니다.

중국은 IOC에 압력을 넣어 올림픽에서 대만이 'Republic of China'라는 깃발을 사용하지 못하도록 했습니다. 강대국인 중국의 압력에 굴복한 IOC는 대만에 'Chinese Taipei(중화 타이베이)'라는 국명과 깃발을 사용할 것을 요구했습니다. 'Chinese Taipei', '중국의 대만'이란 뜻입니다. 우리나라로 비유하자면 '한국의 제주도'와 비슷한 표현입니다. 대만에게는 굴욕적인 요구였지만, 국제 사회는 힘의 논리가 지배하는 냉정한 곳입니다. 화가 난 대만은 IOC에 항의하는 의미로 올림픽 출전을 거부했어요.

2002년 동계 올림픽 개최지로 미국의 솔트레이크시티가 선정되었습니다. 그런데 과정이 부정했다는 사실이 1998년 드러났습니다. 올림픽 개최지는 100명이 넘는 IOC 위원들이 투표하여 결정합니다. 그런데 솔트레이크시티는 개최권을 따내기 위해 IOC 위원들에게 뇌물을 살포했고, 그게 발각된 것이지요.

뇌물은 IOC 위원들의 자녀에게 줄 학비, 정치 자금, 휴가비, 접대비 등으로 뿌려졌습니다. 약 100만 달러 상당이었습니다. 뇌물을 받은 것으로 의심되는 IOC 위원은 24명이었습니다. 더 심각한 문제는 이번 뇌물 스캔들이 처음이 아니라는 점, 그리고 IOC 위원들이 노골적으로 먼저 돈을 요구한다는 사실이었습니다. IOC 한 관계자는 언론과의 인터뷰에서 이런 말을 할 정도였어요.

"IOC 위원 중 5~7퍼센트가 거지처럼 뇌물을 구걸하고 있다."

IOC는 도덕성에 심각한 타격을 받았습니다. 언론의 비난이 십자포화로 쏟아지자 IOC도 칼을 빼 들었습니다. 위원 6명이 쫓겨나고 3명이 스스로 자리에서 물러났어요. 이 사건은 지금까지도 올림픽 역사상 최악의 스캔들로 기억됩니다.

동계 올림픽과 하계 올림픽이 2년 차이로 열리는 이유

"앞으로 동계 올림픽과 하계 올림픽을 같은 해가 아닌, 2년 터울로 실시한다."

1986년 10월 14일, IOC 이사회는 위와 같은 결정을 내렸어요. 1992년까지 하계 올림픽과 동계 올림픽은 같은 해에 열렸어요. 1월이나 2월에 동계 올림픽을 먼저 치르고 반년 뒤 여름에 하계 올림픽을 치르는 식이었지요. 이렇게 하면 같은 해에 올림픽을 2번 볼 수 있는

데 왜 IOC는 이를 바꿨을까요?

가장 큰 이유는 흥행 때문입니다. 1년에 올림픽이 2번 열리면 사람들은 "또 올림픽이야?" 하며 피로감과 식상함을 느낍니다. 여기에는 동계 올림픽이 더 큰 타격을 받습니다. 동계 올림픽이 많이 성장했다고 하지만 여전히 규모나 인기 면에서 하계 올림픽에 미치지 못하거든요. 사람들이 관심을 덜 갖게 되면 시청률이 하락합니다. 시청률이 떨어지면 올림픽 개최국의 가장 큰 수입원인 방송권료와 스폰서 비용도 하락하지요. 개최 도시가 누리는 수익이 줄어들면 어떤 도시도 선뜻 올림픽을 개최하려 들지 않을 거예요. 이런 문제 때문에 동계 올림픽과 하계 올림픽을 떨어뜨려 놓아야 한다는 목소리가 높아졌습니다. IOC도 이런 의견을 수렴해 투표를 실시했습니다. 투표 결과 찬성 78표, 반대 2표, 기권 5표로 동계 올림픽은 하계 올림픽과 이별하게 됩니다.

IOC는 1992년까지는 같은 해에 동계 올림픽과 하계 올림픽을 치르고, 2년 뒤인 1994년에 다음 동계 올림픽을 개최하기로 결정했어요. 노르웨이의 릴레함메르 동계 올림픽 경기 대회였지요. 이렇게 해서 동계 올림픽은 경쟁자인 하계 올림픽을 피하게 되었어요. 대신 하계 올림픽 못지않은, 아니 인기로만 따지면 하계 올림픽을 능가하는 월드컵과 같은 해에 치렀습니다. 그래서 2018년에 평창 동계 올림픽과 러시아 월드컵, 두 경기가 모두 열리지요.

될 때까지 한다! 근성과 집념의 도시들

제1회 샤모니 동계 올림픽 경기 대회부터 2022년 개최가 확정된 제24회 베이징 동계 올림픽 경기 대회까지 수많은 도시가 동계 올림픽을 유치하기 위해 도전장을 내밀었어요. 그중에는 장크트모리츠, 레이크플래시드, 인스부르크처럼 올림픽을 2번씩 개최한 도시도 있고, 끝내 유치에 성공하지 못한 도시도 무수히 많습니다.

올림픽을 유치하려면 치열한 경쟁을 뚫어야 합니다. 첫 도전에 실패한 후 재수, 삼수, 더 나아가 사수, 오수까지 시도한 도시도 있습니다. 미국의 레이크플래시드는 3번을 도전했지만 실패하고, 네 번째 도전 만에 두 번째 유치에 성공했어요. 캐나다 캘거리도 3번 만에 대회 유치에 성공했지요. 미국의 솔트레이크시티는 1972년과 1988년에 실패했다가 2002년에 유치에 성공했어요. 근성의 올림픽 유치 도전기였어요.

동계 올림픽 유치에는 괴담 같은 징크스가 하나 있습니다. "3회 연속 도전해 유치에 성공한 도시는 없다."라는 것입니다. 세 번째로 도전해서 유치에 성공한 도시는 여럿 있어요. 하지만 3회 연속으로 도전해서 성공한 도시는 없습니다. 이를테면 미국의 레이크플래시드는 1952년과 1956년 연속으로 실패하자 다음번 1960년 대회에는 도전하지 않고 24년 뒤인 1980년 대회에 도전해 유치에 성공했어요. 캐나다의 캘거리도 1964년과 1968년 2회 연속 실패하자 20년 뒤인 1988

년 대회 유치에 도전해서 성공했고요. 오스트리아의 잘츠부르크는 2010년과 2014년 연속으로 대회 유치에 도전했다가 실패하자 2018년 대회 유치를 포기했습니다. 잘츠부르크의 하인츠 샤덴 시장은 "우리는 더 이상 도전하지 않을 것이다. 무모한 도전은 그만두겠다."라며 올림픽 유치 포기를 공식 선언했어요. 첫 도전에 실패하면 오기가 생겨서라도 한 번은 더 도전할 수 있습니다. 하지만 3회 연속 도전하는 건 쉽지 않은 일입니다. 12년이라는 시간을 오로지 올림픽 유치에 쏟아부어야 하니까요.

그런데 이 징크스를 깨 보겠다고 도전한 도시가 나타났습니다. 이 도시는 2010년, 2014년 유치에 연거푸 실패를 겪고도 2018년에 세 번째 도전장을 던졌어요. 무모하기까지 해 보이는 이 근성의 도시는 인구 4만 명이 거주하는 대한민국의 평창이라는 곳입니다.

한국 동계 올림픽의 역사

1936년 가르미슈파르텐키르헨 동계 올림픽에 일본은 선수 31명을 파견했습니다. 선수 명단에는 묘한 이름을 가진 선수가 셋 있었습니다. 스피드 스케이팅에 출전하는 리세이도쿠, 킨세이엔, 조요소쿠입니다. 언뜻 일본어 같은데, 어쩐지 일본어 같지 않은 이 이름은 한국 이름을 일본식으로 발음한 것입니다. 이성덕을 일본식으로 발음하여 리세이도쿠로, 김정연을 킨세이엔으로, 장우식을 조요소쿠로 발음한 것이지요.

당시 한국은 일제 강점기 시절이었습니다. 그래서 이 선수들은 낯선 일본식 이름으로 불렸고, 가슴에도 일장기를 달아야 했습니다. 하지만 어떤 이름으로 부르든, 어떤 국기를 달았든, 그들은 한국인이 분명했습니다. 동계 올림픽에 처음 출전한 한국 선수들이었지요.

일제 강점기에 한국인은 심한 차별을 받았습니다. 스포츠에서도 예외가 아니었어요. 일본은 올림픽에 출전할 국가 대표를 선발할 때 더욱 노골적으로 한국인을 차별했습니다. 비슷한 실력이라면 한국인보다 일본인을 우선적으로 뽑았어요. 그 모진 차별을 뚫고 올림픽에 출전했다는 것은 이 한국인 선수 세 사람이 정말 뛰어난 선수였다는 것을 뜻합니다.

해방 후 처음 태극기를 앞세워 참가한 동계 올림픽은 1948년 장크트모리츠 동계 올림픽이었습니다. 이후에도 한국은 꾸준히 동계 올림픽에 참가했지만 성적은 저조했습니다. 40년간 참가한 10개 대회에서 단 하나의 메달도 획득하지 못했지요. 어찌 보면 당연한 결과였습니다. 스포츠에서 성과를 내려면 그만한 환경이 조성되고 적극적인 투자가 뒷받침되어야 합니다. 좋은 선수를 육성하고, 연습 시설을 짓고, 필요하면 전지훈련을 보내야 하지요. 하지만 한국은 오랫동안 동계 스포츠의 불모지였습니다.

해방 후 한국에는 제대로 된 빙상 경기장이 하나도 없었습니다. 시민들은 꽁꽁 얼어붙은 한강에서 찬 바람을 맞으며 스케이트를 탔습니다. 아이스하키 선수들은 전용 링크가 없어서 창경궁 연못에서, 스키 선수들은 스키장이 없어서 풀밭에서 연습해야 했지요. 이런 열악한 환경에서 좋은 성적을 기대하는 것은 욕심이었습니다.

실내 스케이트장은 1954년 처음 생겼습니다. 동대문에 건설된 이 빙상 경기장에서 선수들은 비로소 여름에도 스케이팅과 피겨 스케이팅과 아이스하키를 연습할 수 있었어요. 이후 동계 스포츠에 많이 투자하면서 시설도 확충되었습니다. 그리고 1992년 이런 노력은 드디어 보상을 받게 됩니다.

1992년 프랑스 알베르빌 동계 올림픽 스피드 스케이팅 남자 1000미터에 출전한 김윤만이 은메달을 목에 걸었어요. 한국 동계 올림픽 역사상 최초의 메달이었어요. 그리고 며칠 뒤 열린 남자 쇼트 트랙 1000미터에서 김기훈이 한국 최초로 금메달을 획득했어요. 이 대회에서 한국은 금메달 2개, 은메달 1개, 동메달 1개를 획득하여 종합 성적 10위라는 믿을 수 없는 성적을 올렸어요. 이 대회를 신호탄으로 한국은 7개 대회에 참가해 금메달 26개, 은메달 17개, 동메달 10개를 획득했어요. 40년간 단 하나의 메달도 획득하지 못했던 나라가 22년 동안 무려 53개의 메달을 휩쓸었던 거예요. 동계 스포츠 불모지에서 단숨에 동계 스포츠 강국으로 위상이 달라졌어요.

하지만 이에 대한 쓴소리도 있습니다. 한국이 지금껏 획득한 53개 메달 중 42개가 쇼트 트랙 한 종목에서 나왔거든요. 무려 80퍼센트가 넘습니다. 그 외에는 스피드 스케이팅에서 9개, 피겨 스케이팅에서 얻은 메달 2개입니다. 반면, 올림픽 메달의 절반이 걸린 스키나 썰매 종목, 컬링, 아이스하키에서는 여전히 세계의 높은 벽을 실감하고 있습니다.

3. 동계 올림픽 삼수생, 평창

평창과 무주의 기 싸움

"저기, 강원도에서 동계 올림픽을 치르면 어떨까요?"

"에! 우리가요?"

"어때요. 못할 것도 없잖아요?"

1999년 2월, 강원도 공무원 사이에 이런 대화가 오고 갔습니다. 당시 강원도에서는 동계 아시안 게임을 한창 진행하고 있었습니다. '아시안 게임을 치렀으니 올림픽도 가능하지 않을까?'라는 생각을 바탕으로 강원도 평창은 몇 달 뒤 2010년 동계 올림픽 유치에 도전한다고 선언했습니다.

여기서 짚고 넘어가야 할 게 있어요. 올림픽처럼 4년마다 열리는 월드컵에는 개최국의 이름이 붙습니다. 멕시코 월드컵, 브라질 월드컵, 이런 식으로 말이지요. 그런데 올림픽은 도시 이름이 붙습니다. 1988년 우리나라에서 개최된 올림픽을 '한국 올림픽'이 아니라 '서울 올림픽'이라고 부릅니다. 왜 그럴까요? 그것은 쿠베르탱이 올림픽을 부활시킬 때 고대 그리스 올림픽을 모델로 삼았기 때문입니다. 고대 그리스는 '폴리스'라고 불리는 수백 개 도시 국가로 이루어져 있었습니다. 올림픽이 열릴 때 각 도시 국가들은 선수를 파견했지요. 올림픽의 뿌리를 존중한다는 의미에서 현대 올림픽에서도 개최국이 아닌, 개최 도시 이름을 붙여요. 2010년 동계 올림픽 유치를 신청한 주체가 '한국 정부'가 아닌 '평창'인 것도 그런 이유 때문입니다.

그렇다면 같은 국가 내 여러 도시가 동시에 올림픽 유치에 도전하는 일도 있지 않을까요? 실제로 하계 올림픽에서 그런 일이 있었습니다. 1904년 제3회 하계 올림픽 개최지는 미국 시카고로 결정되었습니다. 이때 미국의 또 다른 도시 세인트루이스가 "우리도 하겠다."라며 뛰어들었어요. IOC는 난처했습니다. 이미 시카고로 결정된 일이라 번복은 불가능하다고 세인트루이스를 달랬지만 세인트루이스는 말을 듣지 않았지요. 결국 IOC는 재투표를 했고, 세인트루이스로 개최지가 변경되었어요.

1999년 한국에서도 비슷한 일이 일어났어요. 평창과 똑같은 생각을 한 지방 도시가 하나 더 있었어요. 전라북도 무주입니다. 오늘날 이런 상황이 발생하면, 국가에서 하나의 도시만을 최종 후보로 결정해야 합니다. 올림픽 유치 신청은 1국가 1도시가 원칙이기 때문이에요. 그런데 한국 정부는 평창과 무주, 두 도시 중 어디를 선택해야 할지 난감했어요. 둘 다 나름대로 믿는 구석이 있었거든요.

"우리 강원도는 동계 아시안 게임을 치렀던 경험과 경기장 시설이 있어! 너희가 양보해!"

"흥, 우리 무주도 동계유니버시아드 대회를 치른 적 있어. 무주 리조트라고 들어 봤어?"

어느 한쪽도 양보하거나 물러날 기색이 없었습니다. 정부만 답답할 뿐이었죠. 2010년 올림픽 유치에 도전하려면 늦어도 2002년 5월 말까지 유치 신청서를 작성해 IOC에 제출해야 합니다. 시간이 많지 않았습니다. 한국 올림픽 위원회는 다음과 같은 타협안을 두 도시에 제시했습니다.

"2010년은 평창으로 갑시다. 만일 평창이 실패하면 2014년에는 무주가 도전하는 것으로 하고요. 어떻습니까?"

"뭐, 좋습니다."

"좋아요."

이렇게 해서 평창이 한국 대표로 2010년 동계 올림픽 유치에 도전하게 되었습니다. 평창의 시민과 올림픽 유치 관계자들은 기쁨의

환호성을 질렀어요. 그때 그들은 아직 알지 못했지요. 기쁨은 아주 잠깐이고, 시련은 이제부터 시작이라는 것을 말이에요.

역전패

올림픽 개최지는 그 대회가 열리기 7년 전, IOC 총회에서 IOC 위원들이 투표하여 결정합니다. 따라서 2010년 동계 올림픽 개최지는 7년 전인 2003년에 결정됩니다. 2010년 대회를 희망한 도시는 평창을 포함해 8곳이었습니다. 하지만 신청서만 낸다고 후보가 되지는 않습니다. 예선 심사라는 것이 있습니다. IOC는 심사를 통해 점수를 매긴 뒤 점수가 낮은 도시를 가차 없이 탈락시킵니다. 1차 심사에서 8개 도시 중 4개 도시가 탈락했어요. 다행히 평창은 살아남았지만 4위, 그러니까 꼴찌로 간신히 예선을 통과한 셈이에요. 1위는 오스트리아의 잘츠부르크, 2위는 캐나다 밴쿠버, 3위는 스위스 베른이었어요. 평창은 수송 기반 시설, 대회 경험, 선수촌, 경기 시설 등에서 경쟁 도시들보다 낮은 점수를 받았던 것입니다.

사실, 평창이 올림픽 유치에 도전한다고 선언했을 때 평창이 승리할 거라 예상한 사람은 많지 않았습니다. 국민의 관심도 낮았고, 국가의 지원도 부족했습니다. 무주와의 경쟁에 힘을 쏟느라 완벽하게 준비하지 못한 탓도 있었습니다. 무엇보다 평창이라는 도시는 경쟁 도시들과 비교하면 인지도가 턱없이 낮았습니다. 한국 사람 중에도 평창을 모르는 사람이 부지기수였죠. 하물며 캐나다 제1의 도시 밴쿠버, 모차르트의 고향이자 해마다 수백만 명이 찾는 세계적 관광 도시 잘츠부르크, 그리고 스위스의 수도 베른이 유치를 원하는 마당에 평창은 견주는 것 자체가 민망한 수준이었습니다. 그런데 이때 변수가 발생했습니다.

"우리는 그만두겠습니다."

예선 랭킹 3위였던 베른이 기권을 선언했습니다. 베른 시민들이 투표를 통해 올림픽 유치를 반대하기로 결정했기 때문입니다. 경쟁자 하나가 줄었습니다. 남은 경쟁자는 밴쿠버와 잘츠부르크, 단 두 곳입니다. 여전히 가능성은 낮지만 그래도 해볼 만한 상황이 된 것입니다.

다시 한 번 역전패

"평창과 잘츠부르크의 양자 대결이 될 것이다!"

2014년 동계 올림픽 유치를 앞두고 세계 언론은 이렇게 예상했습니다. 최종 후보에 오른 도시는 셋이었습니다. 러시아의 소치와 오스트리아의 잘츠부르크, 그리고 한국의 평창. 평창과 잘츠부르크는 4년 전에도 대결한 적이 있어 서로에게 익숙합니다. 러시아의 소치는 IOC 총회가 열리기 전까지 거의 주목받지 못했습니다. 유치 경쟁에도 뒤늦게 뛰어든 데다 동계 올림픽을 치르기에는 기반이 열악한 도시였습니다. 허허벌판에 변변한 경기 시설도 없고, 교통 문제도 엉망진창이었습니다. 평창 유치단 중에는 이런 말을 하는 사람도 있었어요.

"소치가 동계 올림픽을 유치하는 건, 사막에 꽃을 피우는 것만큼 무모한 일이지!"

평창 유치단은 자신만만했습니다. 유일한 경쟁자 잘츠부르크를 4년 전에도 이겼던 기억이 있었습니다. 전문가와 언론도 "중요한 것은 2위와의 표 차이뿐!"이라며 설레발이 요란했지요. 모든 것이 불확실하고 불안하기만 했던 4년 전과는 전혀 다른 분위기였어요.

2007년 7월 5일, 과테말라시티에서 세계가 숨죽여 지켜보는 가운데 투표가 시작되었습니다. 투표 결과, 1위는 평창, 2위는 소치, 3위가 잘츠부르크였습니다. 평창은 또 1위를 했지만 또다시 과반수 획득에 실패했습니다. 이번에도 2차 투표에서 승부가 판가름 날 운명이었습니다. 4년 전 1차 투표에서 꼴찌였던 잘츠부르크가 이번에도 꼴찌로 탈락한 것까지 똑같았습니다. 어쩐지 예감이 좋지 않았습니다. 마치 시계가 거꾸로 돌아 4년 전으로 되돌아간 듯했습니다. 불길한 예감은 어김없이 맞는다고 누가 말했을까요? 2차 투표 결과 51 대 47, 소치가 평창을 4표 차로 누르고 2014년 동계 올림픽 개최지로 결정되었어요. 초조히 결과를 지켜보던 한국인들은 망연자실했고 평창 유치단은 거듭된 역전패에 참지 못하고 눈물을 쏟았습니다.

최후의 도전

처음에는 아무도 주목하지 않았던 소치가 2014년 동계 올림픽 유치에 승리한 이유는 무엇일까요?

잇달아 올림픽 유치에 실패한 후유증은 컸습니다. 평창은 세 번째 도전을 해 볼 뜻을 슬그머니 내비쳤지만 언론과 국민의 반응은 싸늘했습니다. 거듭된 실패에 국민들은 피로감을 느꼈습니다. 하계 올림픽 유치를 계획하던 부산도 반발하고 나섰습니다.

"강원도에서만 올림픽을 할 겁니까? 양심 있으면 다른 지역에도 양보 좀 하시죠?"

2번을 실패했는데 세 번째라고 성공하겠냐는 부정적인 전망도 쏟아졌습니다. 평창과 함께 2번 연속 도전했다가 실패한 오스트리아 잘츠부르크는 세 번째 도전을 포기한다고 선언했어요. 평창은 중대한 기로에 섰습니다. 이쯤에서 그만둘 것인지, 한 번 더 도전할 것인지. 2007년 7월 18일, 강원도 의회는 그 선택을 결정할 투표에 들어갔습니다. 투표 결과 평창은 올림픽 유치 도전을 선택했습니다.

"이것이 마지막 도전이 될 것입니다!"

평창은 올림픽 삼수를 선언했습니다. 이제는 물러날 곳이 없었습니다. 마지막 도전이라는 말에 사람들도 하나둘 거들고 나섰습니다. 삼성 그룹 회장을 비롯한 기업인, 외교관, 김연아, 문대성 같은 스포츠 스타들과 연예인, 그리고 종교계까지 적극적으로 나섰습니다. 유치 위원장은 신발이 닳도록 세계를 돌아다니며 평창 홍보에 열을 올렸어요. 대통령도 IOC 총회가 열리는 남아프리카 공화국까지 날아가서 평창을 지지해 달라고 호소했습니다. 특히 IOC 실사 평가단이 강원도를 방문했을 때 '2018년'을 상징하는 2018명의 강원도민으로 구성된 합창단이 평가단 앞에서 노래를 불러 화제가 되기도 했습니다. 대통령부터 평범한 시민까지 2018년 올림픽 유치를 위해 직업, 나이, 남녀를 가리지 않고 수많은 사람이 힘을 보탰습니다. 2011년 7월 6일, 남아프리카 공화국에서 2018년 동계 올림픽 개최

지를 결정하는 투표가 시작되었습니다. 평창의 경쟁 상대는 프랑스의 휴양 도시 안시, 독일의 뮌헨이었습니다. 하필이면 둘 다 유럽 도시라는 게 마음에 걸립니다. 4년 전에도 경쟁 상대가 유럽 도시였고, 2차 투표에서 같은 유럽인 소치 쪽으로 표가 몰렸던 아픈 기억이 있으니까요. 그래서 평창은 1차 투표에서 승부를 봐야 했습니다. 이번에도 2차 투표로 이어진다면 평창은 승리를 장담할 수 없으니까요.

IOC 위원 95명이 참가한 전자 투표는 2분 만에 끝났습니다. 그리고 그것으로 더 이상의 투표는 필요 없었습니다. 뮌헨이 25표, 안시가 7표를 얻었습니다. 평창은 이 두 도시가 얻은 표를 합한 것보다 31표 더 많은 63표를 획득했습니다.

그토록 바라던 과반수 획득이었어요. 오후 5시, 자크 로게 IOC 위원장은 평창을 2018년 동계 올림픽 개최지로 공식 선언했습니다. 12년간 2번의 실패, 3번의 도전 끝에 이뤄 낸 성과였습니다.

4. 동계 올림픽을 둘러싼 논란

올림픽의 경제적 효과란 무엇일까?

'평창 동계 올림픽 경제 효과는 10년간 약 32조 원!'

평창 올림픽 조직 위원회가 예상한 경제적 효과입니다. 32조 원은 매우 큰돈입니다. 평창이 있는 강원도의 5년 예산과 맞먹는 엄청난 돈이지요. 그런데 이 수치는 어떻게 계산된 걸까요? 아니, 그보다 올림픽의 경제적 효과란 대체 무엇일까요?

올림픽을 열려면 대규모 건설 사업이 필요합니다. 평창 동계 올림픽의 경우 스케이팅 경기장, 하키 경기장, 피겨 스케이팅과 쇼트 트랙 경기장 등 경기장 12개가 필요합니다. 또 선수들이 대회 기간 동안 머무는 선수촌으로, 아파트 15층 높이 건물을 8개 동 지어야 합니다. 그 밖에 관광객들이 평창까지 빠르고 편안하게 다녀갈 수 있도록 고속 도로와 철도도 새로 부설해야 합니다. 이 과정에서 상당한 일자리가 발생합니다. 또 올림픽이 열리면 한국인들은 물론 외국인들이 올림픽을 보려고 그 도시를 방문합니다. 수많은 관광객이 그 도시에 머무르면서 먹고 마시고 잠을 자는 데 지갑을 열게 되면 그 지역 경제가 활성화됩니다. 여기에 올림픽 중계권료와 스폰서 비용, 그리고 기업 후원과 입장권 판매 등으로도 적지 않은 수익을 올릴 수 있어요.

또 있습니다. 입장권이나 숙박료, 일자리와 달리 눈에 보이지 않는 경제적 효과란 것도 있습니다. 여러분도 텔레비전에서 다음과 같은 광고를 본 적이 있을 거예요. 메마른 사막에 있는 마을에 깨끗한 물을 공급해 주는 기업 이야기, 지하철 노약자석을 비워 두는 반듯한 젊은이가 나오는 광고 말이에요. 하루에도 수백 번 반복되는 광고에 노출된 소비자들은 조금씩 그 기업에 호감을 품게 됩니다. 그리고 그 기업이 만든 제품에 신뢰를 가지고 구매하게 되지요. 바로 광고가 주는 이미지 홍보 효과입니다. 기업들은 해마다 수십억 원을 들여 이런 광고를 찍습니다. 그래서 기업의 좋은 이미지를 소비자에게 전달하려 애쓰지요.

올림픽은 그 자체가 훌륭한 광고입니다. 관광객들의 입소문과 전 세계로 중계되는 텔레비전 화면을 통해 올림픽이 열린 도시와 국가가 고스란히 알려지기 때문에 엄청난 홍보 효과가 발생합니다. 굳이 비싼 돈을 들여 광고를 하지 않아도 되는 거예요. 이것을 눈에 보이지 않는 경제적 효과라고 합니다. 올림픽의 경제적 효과란 눈에 보이는 경제적 효과와 눈에 보이지 않는 경제적 효과를 합산한 것을 말합니다.

올림픽의 경제적 효과는 사실일까?

'2011 대구 육상 대회 경제적 효과는 10조 원!'

'2013 영암 F1(자동차 경주 대회) 경제적 효과는 3조 원!'
'2014 인천 아시안 게임 경제적 효과는 14조 원!'

지난 10년간 한국은 셀 수 없이 많은 국제 대회를 치렀습니다. 그럴 때마다 경제적 효과를 분석하고 예측하는 것은 당연한 수순이 되었습니다. 학자들이 발표하는 세계 학술 대회, 세계 청소년들이 모여 텐트 치고 캠핑하는 세계 잼버리 대회, 국제 곤충학회, 세계 옹기 문화 엑스포, 세계 합창 페스티벌 같은 소규모 국제 대회도 예외가 아닙니다. 적게는 수십 억, 많게는 수백 조라는 천문학적 금액이 경제적 효과라는 이름으로 앞다투어 발표됩니다. 이들의 주장을 들어 보면 1년 365일 국제 대회만 유치해도 우리나라가 금방 부자 나라가 될 것처럼 보입니다. 하지만 그 많은 국제 대회를 유치했음에도 지난 10년간 한국 경제에는 별다른 변화가 없었습니다. 오히려 국제 대회의 후유증으로 허덕이는 도시가 적지 않았지요.

경제적 효과 14조 원을 자신했던 인천시는 현재 적자에 신음하고 있습니다. 2010년 동계 올림픽을 유치한 밴쿠버는 성공적인 대회라고 평가받았지만, 경제적으로는 '올림픽의 저주'라고 불릴 만큼 경제 효과가 전무했습니다. 소치 동계 올림픽에 러시아 정부는 50조 원이 넘는 막대한 돈을 쏟아부었지만 그 대가는 적자였습니다. 2013년 영국 옥스퍼드 대학교는 충격적인 보고서를 발표했어요. 역대 올림픽 개최지의 비용을 추산했더니 1992년 바르셀로나 올림픽 이후 20년간 올림픽을 개최한 모든 도시에서 올림픽을 치른 뒤 경기 침체가 발생했다는 겁니다. 그렇다면 국제 대회의 경제적 효과는 허구일까요?

국제 대회를 유치하면 경제적 효과는 분명히 발생합니다. 다만, 그 수치가 종종 왜곡되고 터무니없이 부풀려진다는 것이 문제입니다. 시장이나 군수, 도지사와 같은 지방 자치 단체장들은 법으로 임기가 정해져 있습니다. 그들은 종종 임기가 끝나기 전에 그럴듯한 업적을 남기고 싶어 합니다. 그래야 다음번 선거에서 다시 당선이 되거나 더 높은 자리로 올라갈 수 있으니까요. 그들이 궁리한 방법은 국제 대회를 유치하는 것입니다. 굵직한 국제 대회를 하나 유치하면 뉴스에도 나오고 세상의 관심을 끌 수도 있으니까요. 문제는

시민들의 반응입니다.

"그런 거 왜 자꾸 유치하려고 합니까? 우리가 낸 세금을 그런 곳에 쓰는 거 싫습니다."

"맞아요. 차라리 그 돈으로 시민을 위한 공원이나 도서관을 하나 더 지어 주세요."

시민들이 국제 대회에 시큰둥한 반응을 보일 때 '경제적 효과가 있다!', '지역 경제가 활성화된다!'라고 홍보하면 반대하는 시민들을 효율적으로 설득할 수 있지요. 게다가 지방 도시들은 살림이 넉넉하지 않습니다. 거대한 국제 대회를 유치하려면 영세한 지방 도시의 재정만으로는 어림도 없지요. 결국 중앙 정부에 '도와주세요!' 하면서 손을 벌려야 하는데 정부가 경제적 손해가 예상되는 국제 대회에 지원해 줄 리 없지요. 지원을 많이 받으려면 경제적 효과를 풍선처럼 부풀려야 합니다.

평창은 2018년 동계 올림픽에서 10년간 32조 원의 경제적 효과가 날 것이라며 호언장담했습니다. 많은 국민들이 그런 평창을 향해 기대와 의혹과 걱정이 엇갈린 시선을 던지고 있습니다. 평창은 자신이 한 말을 지킬 수 있을까요? 훗날 평창 올림픽은 경제적인 면에서 어떤 대회로 기록될까요?

환경과 올림픽

"우리는 올림픽에 반대한다!"

1970년 미국의 덴버가 제12회 동계 올림픽 개최지로 결정되자, 덴버가 있는 콜로라도주에서 올림픽 유치 반대 운동이 일어났습니다. 최초의 올림픽 유치 반대 운동이었습니다. 주민들이 반대하는 이유는 크게 2가지였습니다. 올림픽 유치에 너무 많은 비용이 든다는 것과 환경이 훼손된다는 것입니다. 주민들의 반대 운동이 심상치 않자 1972년 11월 덴버는 올림픽 찬성과 반대를 놓고 주민 투표를 실시했습니다. 반대표가 60퍼센트 넘게 나오면서 덴버는 IOC에 동계 올림픽 개최권을 반납했습니다.

독일 뮌헨은 2018년 동계 올림픽 개최지에 도전장을 던졌어요. 그러자 뮌헨의 환경 단체가 올림픽 유치 반대 운동을 벌였습니다. '노(No) 올림픽'이라는 뜻의 '놀림피아(Nolympia)'라는 이름의 단체 회원들이 'IOC는 돌아가라(IOC go home)!'라는 피켓을 들고 올림픽 반대를 부르짖었습니다. 이들은 '우리가 올림픽을 반대하는 18가지 이유'를 인터넷에 올렸는데 그 항목 중에는 '환경 파괴'도 있었습니다.

　스위스의 다보스와 장크트모리츠는 2022년 동계 올림픽 유치 의사를 밝혔습니다. 그러자 이 지역 환경 단체들이 동계 올림픽이 환경을 훼손한다며 반대 운동을 벌였습니다. 덴버의 경우처럼 이번에도 주민 투표가 실시되었어요. 투표 결과, 올림픽을 반대하는 표가 더 많았습니다. 결국 장크트모리츠와 다보스는 동계 올림픽 유치 신청을 철회했고, 2022년 동계 올림픽 개최지는 베이징으로 넘어갔습니다.

　덴버와 뮌헨, 그리고 다보스와 장크트모리츠까지 동계 올림픽 반대 운동의 중심에는 환경 문제가 있습니다. 왜일까요? 동계 올림픽과 환경 훼손은 어떤 관계가 있을까요? 동계 올림픽 종목에는 실내와 실외 종목이 있습니다. 피겨 스케이팅·컬링·스피드 스케이팅·아

이스하키 등이 실내 경기이고, 스노보드·스키·스키 점프·썰매 종목은 실외 경기입니다. 특히 스키와 스노보드, 스키 점프 시합을 위해서는 일정한 높이와 경사를 갖춘 지형이 필요해요. 쉽게 말해 언덕과 산입니다. 하지만 자연 상태의 언덕과 산에서는 시합을 할 수 없기 때문에 대규모 토목 공사가 꼭 필요합니다. 나무를 베어 내고, 땅을 파고, 비탈을 깎아야 하는 것이지요. 이 과정에서 엄청난 삼림 자원과 자연환경이 훼손됩니다. 환경 단체와 시민들이 동계 올림픽을 반대하는 이유이기도 합니다.

평창 올림픽도 이 논란에서 자유롭지 못합니다. 가장 논란이 되는 곳이 가리왕산입니다. 강원도 정선에 자리 잡은 가리왕산은 조선 시대 때부터 나무 베는 것을 금지할 정도로 삼림을 보호한 곳이에요. 덕분에 가리왕산은 500년 넘은 무성한 원시림으로 보존될 수 있었지요. 2017년 현재, 가리왕산에는 평창 올림픽 기간에 사용할 스키장 공사가 진행 중입니다. 소식을 들은 환경 단체는 크게 반발했어요. 스키 시합이 열리는 기간은 사흘인데 그 사흘을 위해 5만 그루의 나무를 베었다는 것이지요. 이에 대해 평창 올림픽 조직 위원회는 올림픽이 끝나면 원상 복구할 계획이니 문제 될 게 없다고 대답했어요. 하지만 환경 단체는 여전히 의혹을 갖고 있어요. 가리왕산 복구 비용이 스키장 건설 비용과 맞먹을 만큼 엄청난데 복구가 말처럼 쉽겠냐는 것이지요. 실제로 1998년 동계 올림픽을 개최했던 일본 나가노는 대회가 끝난 뒤 훼손된 산림을 20년 가까이 복원하고 있지만 여전히 큰 성과가 없어요. 지금까지는 개막식과 폐막식의 완성도, 경제적 흑자, 치안과 안전 등이 올림픽을 평가하는 중요한 항목이었어요. 이제 친환경이 새로운 평가 기준으로 자리 잡고 있죠. 바꾸어 말하면, 현재 환경 문제가 그만큼 심각하다는 뜻입니다.

동계 올림픽을 위협하는 지구 온난화

"이게 동계 올림픽이야, 하계 올림픽이야?"

2014년 소치 동계 올림픽에 출전한 스키 선수들은 머리를 절레절레 흔들었습니다. 겨울이어서 추워야 할 소치가 영상 16도까지 치솟는 바람에 스키장 눈이 녹고 빙판 얼음이 녹아 곳곳이 웅덩이로 변했어요. 소치는 평창보다 훨씬 북쪽에 위치하지만, 따뜻한 흑해 연안에 있어 평창보다 기온이 온화해요. 야자나무가 자랄 정도니까요. 그렇다고 해도 이전에는 16도까지 치솟지 않았어요. 소치의 겨울 평균 기온이 7~8도인 것을 감안하면 말이에요. 지구가 더워지는 현상인 지구 온난화가 소치에도 나타난 것입니다.

지구 온난화의 원인은 대기에 급격하게 증가한 온실가스층 때문입니다. 본래 지구는 태양으로부터 받은 에너지의 일정 부분을 반사시켜 우주로 돌려보냅니다. 그런데 대기에 두껍게 만들어진 온실가스층이 태양 에너지의 탈출을 막아 버리면서 갈 곳을 잃은 태양

에너지가 지구에 머무르게 되고, 결국 지구가 더워지는 거예요. 라면을 끓일 때 냄비 뚜껑을 덮으면 더 빨리 끓는 것과 같습니다. 지구 온난화가 지속되면 태풍과 홍수, 가뭄과 같은 자연재해로 사람들이 큰 피해를 입게 되는데, 동계 스포츠도 지구 온난화의 피해자입니다.

피겨 스케이팅이나 스피드 스케이팅이 치러지는 실내 빙상 경기장은 날씨와 상관없이 인공적으로 얼음을 만들 수 있습니다. 하지만 야외에서 펼쳐지는 스키와 썰매 종목은 눈이 내리지 않거나 얼음이 녹으면 경기를 치르기 어렵지요. 그래서 동계 올림픽 개최지는 지난 10년간 최소 9년 이상 겨울 기온이 영하이고, 눈이 30센티미터 이상 쌓였던 곳이어야 한다는 원칙이 있습니다.

평창도 심상치 않습니다. 최근 평창 주변 평균 기온이 눈에 띄게

상승하고 있거든요. 관측 결과 평창 주변의 요즘 기온은 1980년부터 2010년까지의 평균 기온보다 무려 2.6도나 상승했습니다. 눈이 쌓이는 기간도 뚜렷하게 줄고 있고요. 평창 올림픽 조직 위원회는 혹시 모를 눈 부족 사태에 대비해 인공 눈을 준비하고, 시시각각 변하는 날씨를 관측하기 위해 자동 관측 장비도 마련하고 있습니다.

오늘날 세계는 지구 온난화를 저지하기 위해 안간힘을 쓰고 있어요. 기후 변화 협약을 통해 각 나라는 석탄과 석유 등 탄화수소 에너지 사용을 줄이는 데 합의했습니다. 탄화수소 에너지가 온실가스의 주범인 이산화 탄소를 발생시키기 때문이죠. 동시에 신재생 에너지를 개발하는 데 온 힘을 기울이고 있습니다.

2014년 캐나다 워털루 대학교 대니얼 스콧 교수는 충격적인 보고서를 발표했습니다. 지금처럼 지구 온난화가 가속되면 2050년 이후에는 역대 동계 올림픽을 개최한 도시 중 4곳이 두 번 다시 동계 올림픽을 개최할 수 없고, 2080년이 되면 세계에서 오직 6개 도시만 동계 올림픽을 개최할 수 있을 거라고 예상했어요. 또 따뜻한 기온으로 눈이 녹아 버리기 때문에 상당수의 스키장이 없어질 거라고 전망했지요. 미래 세대가 지금처럼 동계 올림픽과 겨울 스포츠를 즐길 수 있느냐 없느냐는 우리 손에 달려 있습니다.

동계 올림픽에 이런 일이?

동계 올림픽 에피소드

빙판 위의 악녀

토냐 하딩과 낸시 캐리건은 미국인들에게 사랑받고 있던 여자 피겨 스케이팅 선수였습니다. 둘은 1994년 릴레함메르 동계 올림픽 대표 선발전을 앞두고 있었습니다. 1월 6일 연습을 마치고 탈의실로 들어가던 낸시 캐리건은 난데없이 괴한의 습격을 받습니다. 괴한은 몽둥이로 캐리건의 무릎을 마구 때리고 달아났어요. 범인은 토냐 하딩의 전남편이었습니다. 미국은 큰 충격에 빠졌습니다.

"전남편이라니, 그렇다면 범인은 토냐 하딩이 틀림없어!"

"맞아. 캐리건이 얄미워서 그런 비열한 짓을 저질렀을 거야."

미국인들은 토냐 하딩을 의심했어요. 전남편을 시켜 캐리건에게 부상을 입혀 그녀가 올림픽에 나가지 못하도록 한 것 아니냐는 거지요. 하딩은 펄펄 뛰며 아니라고 부인했어요. 경찰과 언론은 하딩이 범인이라고 믿었지만 증거가 없었어요. 심증은 있으나 물증이 없는 셈이었지요. 결국 하딩은 올림픽에 출전했고 다행히 큰 부상이 아니었던 캐리건도 함께 올림픽에 나갔습니다. 범인으로 의심되는 선수와 피해 선수의 대결에 세계는 주목했습니다. 시청률은 무려 48퍼센트까지 치솟았어요. 두 선수를 향한 사람들의 반응은 극과 극이었습니다.

"아아, 불쌍한 캐리건, 힘내요!"

"못된 여자 하딩, 넌 꼭 벌을 받을 거야!"

일방적인 응원 때문이었을까요? 캐리건은 은메달을 획득했지만, 하딩은 8위에 그쳤습니다. 올림픽이 끝난 뒤 하딩은 자신이 한 짓이 맞다고 자백했습니다. 하딩은 선수 자격을 영구 박탈당했고 법원에서 집행 유예 선고를 받았습니다. 이후 캐리건은 선수 생활을 은퇴하고 피겨 스케이팅 해설자로 변신했고, 명예의 전당에도 이름을 올렸어요. 반면, 하딩은 언론으로부터 '빙판 위의 악녀'라는 조롱을 받다가 느닷없이 격투기 선수로 데뷔해 또 한 번 세상을 놀라게 했지만 지금은 조용히 살고 있습니다.

한때 '빙판 위의 요정'으로 불리며 미국인들의 사랑을 받았던 피겨 스케이팅 스타가 어긋난 질투심 때문에 '빙판 위의 악녀'로 몰락하고 만 씁쓸한 사건이었습니다.

지는 쪽이 비버 갖기!

아이스하키는 국경을 맞대고 있는 미국과 캐나다, 두 나라에서 큰 인기를 끌고 있는 스포츠입니다. 미국의 아이스하키 프로 리그인 북아메리카 아이스하키 리그(NHL)에는 30개 팀이 있는데, 6개 팀이 캐나다 도시에 연고를 두고 있습니다. 두 나라는 실력도 세계 정상이지만 라이벌 의식도 세계 최고 수준입니다. 마치 축구 국가 대표 한일전처럼 두 나라가 올림픽에서 대결하면 캐나다와 미국 전역은 짜릿한 흥분에 휩

싸입니다. 인터넷에서도 캐나다 유저들과 미국 유저들 사이에 온라인 전투가 치열하게 벌어집니다.

2014년 소치 올림픽 남자 아이스하키 준결승전에서 캐나다와 미국이 만났습니다. 인터넷은 후끈 달아올랐어요. 캐나다와 미국 네티즌들은 서로를 향해 거친 말과 비아냥거리는 말을 마구 쏟아 냈습니다. 이때 난데없이 한 팝 스타 이름이 양국 네티즌들 입에 올랐습니다. 저스틴 비버라는 남자 가수였습니다.

저스틴 비버는 앨범이 1500만 장이나 팔린 세계적인 스타입니다. 그를 좋아하는 팬도 많지만 싫어하는 사람은 더 많습니다. 종종 엽기적인 행동을 해서이지요. 이웃에게 달걀을 던지는가 하면 마약을 복용하고 호텔 담벼락에 낙서를 하거나 음식점 주방에서 소변을 보는 등 이루 말할 수 없이 이상한 짓을 서슴없이 했지요. 특히 비버는 일본에 갔을 때 야스쿠니 신사를 방문해서 한국인의 분노를 사기도 했어요. 야스쿠니 신

사는 일본의 전쟁 범죄자들의 위패가 보존된 곳으로, 과거 일본의 지배를 받은 한국인들에게는 매우 민감한 장소예요. 중국은 저스틴 비버의 입국을 금지할 정도였습니다.

그런데 올림픽 아이스하키 시합을 앞두고 왜 저스틴 비버가 화제가 되었을까요? 저스틴 비버는 캐나다 출신이고, 활동은 미국에서 하고 있습니다. 저스틴 비버를 싫어하는 미국과 캐나다의 유저들은 아이스하키 시합에서 지는 나라가 '저스틴 비버를 갖기'로 합의했어요. 벌칙으로 말이지요. 네티즌들끼리 농담으로 한 말이었는데 입소문을 타고 뉴스에도 나올 지경이었지요. 심지어 대형 광고판에까지 등장해 세계적인 화제가 되었습니다.

"Loser Keeps Bieber(지는 쪽이 비버 갖기)!"

소식을 들은 비버는 "너무하네. 나도 사람인데……."라며 씁쓸해 했습니다. 결과는 캐나다가 미국을 1 : 0으로 이겼습니다. 약속대로 미국에서 비버를 데려간 것은 아니지만 어쨌든 비버는 현재 미국에서 왕성하게 활동하고 있습니다.

세 번 갇힌 사나이

조니 퀸은 미국 봅슬레이 선수로, 2014년 소치 올림픽에 참가했습니다. 2월 8일 퀸은 숙소에서 샤워를 끝낸 뒤 욕실 문이 잠긴 것을 알게 되었습니다. 외부에 연락해 도움을 청하려 했지만 전화기가 거실에 있었지요. 꼼짝없이 갇히게 된 겁니다. 탈출을 결심한 퀸은 욕실 문을 부수기 시작했습니다. 어지간한 사람이라면 어림도 없겠지만, 퀸은 봅슬레이 선수가 되기 전 격렬한 미식축구도 했던 천하장사입니다. 미식축구에는 어깨로 상대편을 가격하는 무서운 기술이 있습니다. 퀸은 욕실 문을 상대 팀

조니 퀸
욕실 탈출 성공!

선수라 생각하고 어깨로 마구 들이받았습니다.

쾅! 쾅!

퀸의 공격에 욕실 문은 종잇장처럼 찢어졌습니다. 탈출에 성공한 퀸은 부서진 욕실 문 사진을 찍어 자랑스럽게 트위터에 올렸어요.

사흘 뒤 퀸은 또다시 갇히게 되었습니다. 이번에는 엘리베이터 안이었고 다른 2명과 함께였습니다. 퀸과 함께 있던 두 사람은 퀸에게 기대를 걸었습니다. 이번에도 힘센 퀸이 엘리베이터 문을 부수어 자신들을 탈출시켜 줄 수 있을 거라고 생각했어요. 그러나 욕실 문은 나무이지만 엘리베이터 문은 철입니다. 퀸에게도 무리였지요. 함께 갇혀 있던 사람이 이 상황을 트위터에 올렸어요. 그 글을 통해 엘리베이터에 3명이 갇힌 사실이 알려지면서 사람들이 달려와 엘리베이터 문을 열어 주어 세 사람은 밖으로 나올 수 있었습니다.

사흘 동안, 2번이나 감금된 조니 퀸의 이야기는 뉴스를 통해 화제가 되었습니다. 사람들은 퀸에게 "세 번째로 감금당할지도 모르니 조심하세요!"라고 주의를 주었습니다. 하지만 그런 일은 일어나지 않았습니다.

부러진 이보다 신경쓰이는 사진 촬영

독일인 다비드 뮐러는 2010년 밴쿠버 동계 올림픽 루지 남자 싱글 종목에서 은메달을 목에 걸었습니다. 사진 기자들은 시상대에 선 뮐러에게 사진을 찍을 테니 이로 메달을 깨무는 포즈를 취해 달라고 부탁했습니다. 깨무는 시늉만 하면 되는데 기분이 너무 좋았던 나머지 뮐러는 힘차게 '앙!' 하고 메달을 깨물었지요. 결국 앞니가 부러지고 말았습니다. 아프지 않느냐고 묻는 기자들에게 뮐러는 이렇게 대답했습니다.

"안 아파요. 그런데 사진에 부러진 이가 나올까 봐 그게 걱정이에요."

사자 때문에

밴쿠버 동계 올림픽에는 아프리카의 케냐도 참가할 예정이어서 대회 시작 전부터 화제가 되었습니다. 하지만 개막식을 앞두고 케냐는 돌연 출전을 포기했습니다. 사람들은 그 이유가 몹시 궁금했습니다.

"정치 문제 때문이겠지. 그래서 올림픽에 못 나온 거야."

언론은 그렇게 확신했습니다. 케냐는 영국의 식민지였다가 1963년에 독립한 나라입니다. 독립한 뒤에도 케냐 사회는 몹시 혼란했어요. 특히 2007년에는 부정 선거 사태로 부족 간 충돌이 발생해 1000명 이상이 사망하고 60만 명 이상이 집을 잃었습니다. 사람들은 케냐의 불안한 정치가 순수한 올림픽 정신까지 훼손했다고 비난했어요. 하지만 현실은 달랐습니다. 소문이 이상하게 불거지자 케냐 올림픽 대표 팀 관계자는 언론과 인터뷰하면서 다음과 같이 말했어요.

"정치 상황이 문제가 아니라, 사자 때문인데요······."

"사자라니요?"

케냐는 야생 동물로 유명한 국가입니다. 〈동물의 왕국〉에 단골로 등장하는 나이

로비 국립 공원도 케냐에 있지요. 그런데 간혹 서식지를 벗어나 시내로 와서 사람들을 공격하는 맹수가 있습니다. 동계 올림픽에 출전하러 밴쿠버로 떠나기 얼마 전, 케냐 선수단은 주차장에서 난데없이 사자의 습격을 받았습니다. 몇몇 선수가 아이스하키 스틱을 마구 휘둘러 간신히 사자를 쫓았지만 선수단의 절반인 8명이 사자에게 물려 부상을 당했어요. 케냐는 어쩔 수 없이 올림픽 출전을 포기했지요. 케냐처럼 정치가 불안한 나라는 간혹 이런 식으로 오해를 받기도 한답니다.

동계 올림픽을 빛낸 인물들

여자 피겨 스케이팅의 선구자, 매지 사이어스

"여성은 참가할 수 없어요. 돌아가요."

"그런 규정이 어디에 있죠?"

한 젊은 여성이 대회 관계자와 말싸움을 벌이고 있었습니다. 1902년 세계 피겨 스케이팅 선수권 대회에서 있었던 일입니다. 본래 피겨 스케이팅은 남성만의 스포츠였습니다. 여성이 뛸 수 있는 종목이 없었어요. 그런데 21살 젊은 영국 여성이 이 대회에 참가 신청을 하면서 문제가 생겼지요. 그녀의 이름은 매지 사이어스였습니다.

사이어스는 출전 선수 등록 규정을 꼼꼼히 검토한 결과 규정 어디에도 남성, 여성을 표시하는 항목이 없다는 것을 발견했습니다. 그러니까 세계 피겨 스케이팅 연맹은 그동안 관습적으로 남성만 피겨 스케이팅 대회에 출전시킨 거예요. 사이어스의 날카로운 지적에 세계 피겨 스케이팅 연맹은 할 말을 잃었습니다. 출전 허가를 받은 사이어스는 남자들이 득실대는 피겨 스케이팅 대회에 참가해 은메달이라는 놀라운 성적을 올렸어요. 금메달을 획득한 스웨덴 남자 선수 울리히 살코는 시상대에서 자신의 금메달을 사이어스의 목에 걸어 주며 이렇게 말했습니다.

"당신이 챔피언이오!"

매지 사이어스는 여성도 남성처럼 스케이트를 탈 수 있음을 증명해 보였습니다. 그녀의 등장으로 피겨 스케이팅에서도 처음으로 여자 싱글 종목이 만들어졌습니다. 압도적인 실력을 뽐낸 사이어스는 1906년 최초의 세계 선수권 여자 싱글 종목에서 1위를 차지했어요. 그리고 2년 뒤 런던 하계 올림픽에서 피겨 스케이팅이 처음 올림픽 정식 종목으로 채택되었습니다. 사이어스는 이 대회 피겨 스케이팅 싱글에서 금메달을 목에 걸었습니다. 당시는 동계 올림픽이 독립하기 전이라 피겨 스케이팅 역시 하계 올림픽 종목으로 출발했거든요. 그것만으로 성에 차지 않았는지 사이어스는 남편과 함께 짝을 이뤄 출전한 페어 종목에서 동메달을 목에 걸었습니다. 사이어스는 9년 뒤 아이를 출산하다가 급성 심장 내막염에 걸려 사망했습니다. 서른여섯, 아까운 나이였습니다.

여동생에게 바치는 메달, 다니엘 어윈 젠센

미국의 스피드 스케이팅 선수 다니엘 어윈 젠센은 1988년 캘거리 동계 올림픽 우승 후보 중 한 명이었습니다. 그런데 500미터 경기를 몇 시간 앞두고 급한 전화가 걸려 왔습니다. 고향 위스콘신에서 백혈병으로 투병 중이던 여동생 제인이 숨을 거두었다는 소식이었습니다. 젠센은 슬픔을 억누르며 시합에 나섰지만 500미터와 1000미터 경기에서 모두 넘어지고 말았습니다. 여동생의 사망 소식에 마음이 흔들린 그는 시합에 집중할 수 없었던 것입니다.

4년 뒤 젠센은 다시 올림픽에 도전했습니다. 여전히 그는 강력한 우승 후보였습니다. 하지만 시합 날 모래바람이 불어와 제대로 실력 발휘를 할 수 없었어요. 젠센은 500미터에서 4위, 1000미터에서 26위를 차지하며 기대에 못 미치는 부진한 성적으로 대회를 마쳤습니다.

1994년 젠센은 세 번째이자 마지막 올림픽에 도전했습니다. 이번에도 그는 주 종목인 500미터와 1000미터에 출전했습니다. 첫 번째 도전한 500미터에서 8위에 그치면서 메달 획득에 실패했어요. 남은 것은 1000미터 종목 하나. 젠센에게는 그것이 올림픽 마지막 시합이었습니다.

출발 직전, 젠센은 목걸이를 매만졌습니다. 목걸이에는 그의 8개월 딸 제인의 탄

생석이 박혀 있었습니다. 제인은 6년 전 사망한 여동생의 이름이기도 했지요. 젠센이 죽은 누이의 이름을 딸에게 지어 준 것입니다. 스타트! 젠센은 달리고 또 달렸습니다. 그리고 1000미터에서 세계 신기록을 달성하며 금메달을 획득했습니다.

경기가 끝난 뒤 젠센은 어린 딸 제인을 안고 시상대에 섰습니다. 텔레비전으로 그 모습을 지켜보던 많은 미국인이 눈물을 흘렸습니다. 선수 생활에서 은퇴한 젠센은 스피드 스케이팅 해설자로 활동하면서 백혈병 환자를 위한 재단을 설립해 그들을 도우며 살고 있습니다.

한국 썰매 종목의 개척자, 강광배

1990년 겨울, 대학 입학시험에 합격한 소년이 눈썰매장에서 아르바이트 자리를 얻었습니다. 어느 날 소년은 고향 친구가 스키 타는 것을 우연히 보게 되었습니다. 한 번도 스키를 타 본 적이 없던 소년은 "멋있다!"라고 감탄했어요. 그리고 결심했어요.

"나도 꼭 스키를 배우고 말 테야!"

소년 이름은 강광배였습니다. 그는 아르바이트를 하면서 열심히 스키를 배웠습니다. 몇 년 뒤 강광배는 대학부 대회에서 1등을 할 정도로 뛰어난 스키 선수가 되었습니다. 하지만 어린 학생들에게 스키를 가르쳐 주다 넘어져 무릎을 크게 다쳤습니다. 무릎 부상이 심해서 스키 선수나 스키 지도자의 꿈은 접어야 했습니다.

강광배는 상심한 마음으로 학교로 돌아왔습니다. 어느 날 하릴없이 학교를 거닐던 그는 교내 게시판에서 루지 국가 대표를 뽑는다는 공고를 발견했습니다.

"루지? 이게 뭐지?"

"에라, 모르겠다!"

강광배는 일단 지원부터 했습니다. 루지는 프랑스어로 '썰매'라는 뜻입니다. 동계 올림픽에는 '썰매 삼총사'라고 불리는 3개의 썰매 종목이 있습니다. 봅슬레이, 스켈레톤, 그리고 루지입니다. 루지는 썰매에 등을 대고 누워서 타는 종목입니다. 3명을 뽑는 선발전에서 강광배는 2등을 했습니다. 비록 스키는 아니지만 꿈에 그리던 국가 대표가 된 것이지요. 하지만 말이 국가 대표지, 선수 중 루지를 정식으로 배운 사람은 아무도 없었습니다. 심지어 전직 레슬링 선수도 있었어요. 정부의 지원도 열악하기 짝이 없었죠. 얼음 위를 달리는 썰매 종목인 루지는 썰매에 스케이트와 같은 날이 달려 있어야 합니다. 하지만 국내에서는 그런 장비를 구할 수 없어 손수레처럼 썰매에 바퀴를 장착했지요. 장비도 없는 터에 당연히 전용 경기장도 없어 선수들은 경사가 급한 아스팔트 도로를 찾아 그곳을 올라갔다 내려갔다 수없이 반복했습니다. 또한 유니폼도 없어 강광배와 선수들은 허름한 운동복을 입었습니다. 그뿐 아니에요. 한국에는 지도자가 없어 외국인 코치가 잠시 가르쳤는데 통역해 주는 사람 없이 손짓 발짓으로 의사소통을 해야 했습니다. 비인기 종목의 현실이었습니다.

어쨌든 강광배와 선수들은 1998년 나가노 동계 올림픽에 출전했습니다. 당시 국민과 방송국의 관심은 온통 한국의 메달박스인 쇼트 트랙에 집중되어 있었습니다. 루지가 대체 어떤 종목이고, 강광배가 어떤 선수인지 관심을 기울이는 사람은 없었지요. 국민의 무관심과 언론의 외면 속에서도 한국 루지 팀은 묵묵히 시합에 임했습니다. 성적은 초라했습니다. 33명 중 각각 29, 31, 32위였어요. 최하위나 다름없었지요. 열악한 연습 환경과 선수들의 경험 부족을 생각하면 놀라운 일도 아니었어요.

올림픽이 끝난 뒤 강광배는 오스트리아로 유학을 떠났습니다. 올림픽에서 세계의 벽을 느낀 그는 동계 스포츠 강국에서 좀 더 배우고 싶었습니다. 하지만 강광배는 얼마 뒤 선수 자격을 박탈당합니다. 젊은 선수로 세대교체를 하기 위해서라는 석연치 않은 이유였지요. 엎친 데 덮친 격으로 무릎까지 크게 다쳤습니다. 하필 옛날에 넘어져 수술한 그 부위였습니다. 스키에 이어 루지까지 할 수 없게 된, 계속되는 시련에 강광배는 눈앞이 캄캄했습니다.

그때 외국인 친구 한 명이 스켈레톤이라는 종목을 해 보지 않겠냐고 권유했습니다. 앞에서 설명한 대로 스켈레톤은 루지, 봅슬레이와 더불어 썰매 삼총사의 하나입니다. 물러날 곳 없던 강광배는 스켈레톤에 매달렸습니다. 그리고 2002년과 2006년 두 대회 연속으로 한국 대표로 출전했어요. 이후 또 다른 썰매 종목인 봅슬레이까지

진출해 2008년 아메리카 컵 2차 대회에서 한국 팀 사상 최초로 국제 대회 동메달을 획득했습니다. 이때 한국 팀에는 변변한 봅슬레이 썰매 하나가 없어 500달러를 주고 빌렸다는 소식이 알려지자 국민들은 울컥했습니다.

강광배는 2010년 밴쿠버 동계 올림픽에 봅슬레이 감독이자 선수로 출전했습니다. 이렇게 강광배는 모든 썰매 종목으로 올림픽에 출전한 유일한 선수가 되었지요. 선수 생활에서 은퇴한 강광배는 후배들을 지도하고 육성하는 데 힘을 기울이고 있습니다. 비록 올림픽에 4번 출전해 하나의 메달도 획득하지 못했지만 강광배는 비인기 스포츠인 한국 썰매 종목의 개척자였습니다.

내가 운이 좋다고? 스티븐 브래드버리

한국의 전통적인 메달박스 쇼트 트랙은 이변이 자주 발생하는 종목입니다. 선두가 되기 위해 앞으로 나오려는 선수와 자신의 자리를 내주지 않으려는 선수 사이에 몸싸움이 벌어지고 그 과정에서 서로 뒤엉켜 얼음판에 넘어지곤 합니다. 도미노처럼 우르르 말이에요. 일단 넘어진 선수가 메달을 획득하기란 거의 불가능합니다. 하위권에서 달리던 선수들이 '이게 웬 떡이냐!' 하며 어부지리로 메달을 가져가기 때문이지요.

스티븐 브래드버리는 오스트레일리아 대표로 2002년 솔트레이크시티 동계 올림픽 쇼트 트랙에 참가했습니다. 남자 1000미터 경기의 강력한 우승 후보는 한국의 김동성, 안현수, 중국의 리자준, 그리고 미국의 안톤 오노였습니다. 브래드버리를 우승 후보로 지목하는 전문가는 아무도 없었습니다. 우승은 고사하고 예선전이나 통과하면 다행일 정도였지요. 역시나 브래드버리는 예선 3위로 탈락했습니다. 예선

전에서 2위 안에 들어야 준결승전에 진출할 수 있거든요. 그런데 뜻밖의 일이 생겼습니다. 예선 2위를 한 선수가 실격 처리되면서 3위의 브래드버리가 준결승전에 진출하게 된 거예요.

"운이 좋군. 하지만 거기까지다!"

사람들은 그렇게 생각했습니다. 준결승전에서 브래드버리는 우승 후보 김동성, 리자준과 같은 조에 속했습니다. 예선전에서도 실질적인 꼴찌였는데 더 쟁쟁한 선수들이 모인 준결승전에서 2위 안에 들 리가 없잖아요? 경기가 시작되자 예상대로 브래드버리는 누구도 넘볼 수 없는 '단독 꼴찌'로 달리고 있었습니다. 그런데 선두권에서 달리던 선수들 사이에서 또 신체 접촉이 일어났습니다. 그들은 중심을 잃고 빙판 위에 나뒹굴었어요. 한참 뒤에서 달리고 있던 브래드버리만 빼고 말이에요. 브래드버리는 이렇게 해서 결승전까지 진출했어요. 이윽고 시작된 결승전에서도 브래드버리는 여전히 꼴찌로 달리고 있었습니다. 그런데 선두권 경쟁을 벌이던 선수들이 서로 부딪치는가 싶더니 넘어졌고, 브래드버리는 가장 먼저 결승선을 통과했습니다. 예선전부터 준결승전, 그리고 결승전까지 줄곧 꼴찌로 달렸을 뿐인데 브래드버리는 마지막에 금메달을 목에 걸고 환하게 웃었습니다.

어떤 사람들은 브래드버리가 운이 억세게 좋다며 신기해했습니다. 어떤 사람은 "실력도 없는 자가 운만 좋았을 뿐"이라며 그의 우승을 인정하지 않았습니다. 실제로 지금도 많은 사람이 브래드버리를 운 좋은 금메달리스트 정도로 기억합니다. 하지만 그가 금메달리스트가 될 때까지 겪었던 일들을 아는 사람은 많지 않습니다.

행운의 사나이 브래드버리 또한 4년 전 나가노 동계 올림픽에서 억세게 운이 나쁜 선수 중 한 명이었습니다. 마치 저주라도 받은 듯 시합을 할 때마다 다른 선수들과 엉켜 넘어져 메달을 따지 못했습니다. 불행은 꼬리에 꼬리를 물었습니다. 올림픽이 끝난 뒤 연습을 하던 브래드버리는 다른 선수와 충돌해 척추가 골절되는 큰 부상을 입었습니다. 의사는 선수 생활이 불가능하다며 은퇴를 권유했지요. 하지만 브래드버리는 포기하지 않았습니다. 이를 악물고 뼈를 깎는 재활 훈련을 해냈고 다시 올림픽에 참가했습니다. 생각해 보면 부상을 당했을 때도 포기하지 않았고, 꼴찌로 달릴 때도 끝까지 최선을 다했습니다. 금메달은 그런 그의 묵묵함에 대한 보상이었습니다. 기자들이 브래드버리에게 1등이 된 소감을 묻자 그는 이렇게 대답했습니다.

"이 금메달은 이번 경기를 이겨서 얻은 게 아니라, 지난 10년간 최선을 다한 저에게 주어진 상이라고 생각합니다."

참고 문헌

稲葉茂勝, 《冬季オリンピツクの記録と記憶》, 2013, ベースボール・マガジン
菅原恵津子, 《歴史ポケッスポーツ新聞、冬季オリンピツク》, 2009, 大空出版
기영노, 《올림픽의 어제와 오늘》, 2012, 주니어김영사
미래컨텐츠창작연구소, 《올어바웃, 동계 올림픽!》, 2013, BOOK21
김성호, 《짜릿하고도 씁쓸한 올림픽 이야기》, 2015, 사계절

글쓴이 **김성호**

금융 기관에서 파생 상품 딜러로 활동하다가 난데없이 글을 쓰는 것이 천직이라 생각하여 어린이책을 쓰기 시작했고, 꾸준히 어린이책 작가로 활동하고 있습니다. 쓴 책으로 《검은 눈물 석유》, 《짜릿하고도 씁쓸한 올림픽 이야기》, 《치고, 던지고, 달리는 야구의 모든 것》, 《두 얼굴의 에너지, 원자력》, 《도스토예프스키 아저씨네 게스트하우스》, 현장 체험 동화 《청계천》, 《이순신》, 《우리의 전통 놀이》와 직업 체험 시리즈 《카 디자이너》, 《스포츠 선수》, 《국제 변호사》 등이 있습니다.

그린이 **김소희**

〈어린이 동산〉, 〈함께 사는 길〉 등의 월간지에 만화를 그렸습니다. 그린 책으로 《우리 역사 노래 그림책》, 《공부 도사》, 《몬스터 과학》, 《지구를 구하는 발명책》, 《세상에서 가장 슬픈 여행자, 난민》 등이 있습니다. 앞으로도 노래를 흥얼거리며 즐거운 그림을 계속 그리고 싶어 합니다.

2017년 12월 28일 1판 1쇄
2024년 2월 5일 1판 4쇄

글쓴이 김성호 | 그린이 김소희

편집 최일주, 이혜정, 김인혜 | **교정** 한지연 | **디자인** 민트플라츠 송지연
제작 박흥기 | **마케팅** 이병규, 양현범, 이장열, 김지원 | **홍보** 조민희 | **인쇄** 코리아피앤피 | **제책** J&D바인텍

펴낸이 강맑실 | **펴낸곳** (주)사계절출판사 | **등록** 제406-2003-034호
주소 (우)10881 경기도 파주시 회동길 252
전화 031)955-8588, 8558 | **전송** 마케팅부 031)955-8595, 편집부 031)955-8596
홈페이지 www.sakyejul.net | **전자우편** skj@sakyejul.com | **트위터** twitter.com/sakyejul
페이스북 facebook.com/sakyejulkid | **인스타그램** instagram.com/sakyejulkid | **블로그** blog.naver.com/skjmail

ⓒ 김성호, 김소희 2017

값은 뒤표지에 적혀 있습니다. 잘못 만든 책은 구입하신 서점에서 바꾸어 드립니다.
사계절출판사는 성장의 의미를 생각합니다. 사계절출판사는 독자 여러분의 의견에 늘 귀 기울이고 있습니다.
이 책은 저작권법에 따라 보호받는 저작물이므로 무단 전재와 복제를 금합니다.

979-11-6094-330-6 73300
978-89-5828-770-4 (세트)

하계 올림픽

회차	개최지	대회 기간
1회	그리스 아테네	1896년 4월 6일~4월 15일
2회	프랑스 파리	1900년 5월 14일~10월 28일
3회	미국 세인트루이스	1904년 7월 1일~11월 23일
4회	영국 런던	1908년 4월 27일~10월 31일
5회	스웨덴 스톡홀름	1912년 5월 5일~7월 22일
6회	독일 베를린 개최 예정	1916년 개최 예정이었으나 제1차 세계 대전이 일어나 취소됨.
7회	벨기에 안트베르펜	1920년 4월 20일~9월 12일
8회	프랑스 파리	1924년 5월 4일~7월 27일
9회	네덜란드 암스테르담	1928년 5월 17일~8월 12일
10회	미국 로스앤젤레스	1932년 7월 30일~8월 14일
11회	독일 베를린	1936년 8월 1일~8월 16일
12회	핀란드 헬싱키 개최 예정	1940년 개최 예정이었으나 제2차 세계 대전이 일어나 취소됨.
13회	일본 도쿄 개최 예정	1944년 개최 예정이었으나 제2차 세계 대전이 일어나 취소됨.
14회	영국 런던	1948년 7월 29일~8월 14일
15회	핀란드 헬싱키	1952년 7월 19일~8월 3일
16회	오스트레일리아 멜버른	1956년 11월 22일~12월 8일
17회	이탈리아 로마	1960년 8월 25일~9월 11일
18회	일본 도쿄	1964년 10월 10일~10월 24일
19회	멕시코 멕시코시티	1968년 10월 12일~10월 27일
20회	독일 뮌헨	1972년 8월 26일~9월 11일
21회	캐나다 몬트리올	1976년 7월 17일~8월 1일
22회	소련 모스크바	1980년 7월 19일~8월 3일
23회	미국 로스앤젤레스	1984년 7월 28일~8월 12일
24회	대한민국 서울	1988년 9월 17일~10월 2일
25회	에스파냐 바르셀로나	1992년 7월 25일~8월 9일
26회	미국 애틀랜타	1996년 7월 19일~8월 4일
27회	오스트레일리아 시드니	2000년 9월 15일~10월 1일
28회	그리스 아테네	2004년 8월 13일~8월 29일
29회	중국 베이징	2008년 8월 8일~8월 24일
30회	영국 런던	2012년 7월 27일~8월 12일
31회	브라질 리우데자네이루	2016년 8월 5일~8월 21일 예정
32회	일본 도쿄	2020년 7월 24일~8월 9일 예정